蔵漢対照『大悲心陀羅尼経』

田中公明

The *Sahasrabhuja-sūtra*

Introduction, Tibetan/Chinese Text and Related Studies

Kimiaki TANAKA

渡辺出版 2022

WATANABE PUBLISHING Co., Ltd., Tokyo 2022.

ナーガールジュナ流千手観音（ペンコルチューデ仏塔２階）

Thousand-armed Avalokiteśvara in Nāgārjuna-style

（The Great Stūpa of rGyal rtse, 2nd Storey）

目次(Contents)

ラクシュミー比丘尼

Bhikṣuṇī Lakṣmī

(*Aṣṭasāhasrikā-prajñāpāramitā* pantheon)

ラクシュミー流の千手観音(ラダック・サンカル寺)©藤田弘基アーカイブス

Thousand-armed Avalokiteśvara in Lakṣmī style

(Sankar Monastery, Ladakh, India) ©Fujita Hiroki Archives

文献概説

(1)はじめに

本書は、日本で『千手経』と通称される『大悲心陀羅尼経』の蔵漢対照テキストと、関連する論文をまとめた日英二カ国語版のモノグラフである。

2018年の春と記憶しているが、京都の妙法院門跡から、突然の連絡があった。拙著『仏教図像学』(春秋社)を刊行した時、「仏教図像の日本的展開」の一例として京都三十三間堂の二十八部衆像を取り上げることになり、三十三間堂を管理する妙法院から、千体千手観音の胎内に納入されている千手観音と二十八部衆の摺仏の写真をお借りした。そこで拙著を一部献本させて頂いたが、その記事が妙法院管理部の目にとまったらしい。

妙法院では、千体千手観音の修理完成と国宝指定を記念して、二十八部衆像の再編(配置換え)を計画していた。ところが配置換えに伴い、二十八部衆のうち13体の尊名を訂正することになったため、作品につけられていたキャプションも全面的に改訂する必要が出てきた。そこで私にキャプション、とくに英文につけるサンスクリット尊名を校閲してもらえないかという依頼がきたのである。

二十八部衆の配置換えと尊名変更は、妙法院門跡の責任で行われ、私は、その一部に途中参加させて頂いただけであるが、このような大事業に協力し、日頃の研究成果の一端が、広く一般に知られること自体、大変有意義かつ名誉な話であるから、喜んでお引き受けすることにした。

ところが、二十八部衆一尊一尊のサンスクリット語の尊名を確定するということが、実は大変な難題なのである。

千手観音は多くの経典に説かれているが、二十八部衆の原型となった護法神群は、色々と問題が多い伽梵達摩訳の『千手経』のみに偈文の形で説かれている。この偈文は、観音が護法神に命令を下し、『千手経』の受持者を守護させるという内容なので、「勅偈」と通称されるが、一句七字に揃えるため、「我遣密跡金剛士　烏芻君荼鴦倶尸」のように、尊名の一部を省略して音写している。上の例でいうと「烏芻」は烏枢沙摩明王、「君荼」は軍荼利明王の略だと言われるが、サンスクリット原本が存在しないため、確認のしようがなかった。しかも勅偈は、伽梵達摩以後に漢訳された類本には含まれていなかった。

『千手経』のように、サンスクリット原典が発見されていない場合、インドの原典を忠実に翻訳したチベット訳から尊名を復元するのが、最も確実な方法であるが、伽梵達摩訳に対応するチベット訳(北京No.369)は、チベットの吐蕃王国が敦煌を占領していた8世紀末から9世紀半に、法成が漢訳から重訳したもので、一次資料ではない。

つまり法成訳からは、敦煌で活躍したバイリンガルのチベット僧が、伽梵達摩訳を見て、どのように理解したのかは分かっても、チベット訳から原語を復元することはできないのである。

そのような事情で、『千手経』の勅偈から、二十八部衆のサンスクリット尊名を復元するという作業は、難航を極めた。ところがキャプションの校閲も大詰めを迎えた同年7月になって、思いがけないところから、問題解決に曙光が差しはじめた。

『チベット大蔵経』デルゲ版には、法成訳の一つ前に、別の千手観音の経典『千手千眼を有する聖観自在菩薩儀軌細釈』(東北No.690)が収録されている。これは訳者不明の千手観音の儀軌で、先行研究が存在しない謎のテキストであった。

ところが資料の不足に苦しんでいた私が調べたところ、前半は『千手経』、後半は智通訳『千臂経』(大正No.1057)とその異訳、菩提流志訳『姥陀羅尼身経』（大正No.1058）にほぼ一致することが分かった。そしてその前半から、『千手経』の勅偈に似た護法神名を列挙する偈文が見いだされた。

なお敦煌出土の漢文仏典の中からは、伽梵達摩訳『千手経』と智通訳『千臂経』を連写した写本が複数発見されている。訳出年代から見ると、智通訳の方が早いが、『千臂経』には大乗仏典の冒頭に見られる通序がないのに対し、『千手経』は如是我聞ではじまっており、『千手経』の後に『千臂経』を接続させると一経の体裁をなすため、このような連写が流行したのではないかと思われる。しかし東北No.690には、漢文にある一節がチベット訳に欠けていたり、チベット訳と漢文が完全には一致しない部分がある。

また東北No.690からは、勅偈に見られる護法神の尊名のように、伽梵達摩訳からは知り得ない情報が得られる。その配列は、伽梵達摩訳や法成訳と大きく異なるが、全部で47尊を説き、伽梵達摩訳に説かれる護法尊にほぼ対応している。したがって東北No.690は、伽梵達摩訳を重訳したものではなく、何らかのサンスクリット原典、あるいは伽梵達摩の出身地であるコータン語の原典から訳出された可能性が高いと思われる。

いっぽう『チベット大蔵経』北京版で、法成訳の一つ前に収録される 北京No.368は従来、前述の東北No.690と同一文献とされてきたが、文献量が四分の一ほどの別文献である。これは、伽梵達摩訳の前半のみに対応することが分かったが、訳文が大きく異なっており、明らかに別人の訳と考えられる。ここにも護法神の尊名を列挙した偈が、東北No.690とは別の体裁で訳されていた。こちらの護法神は、合計で51尊が説かれている。

これによって私は、二十八部衆の原型となった『千手経』所説の護法神のサンスクリット尊名を復元できる資料をはじめて、しかも二つ同時に手に入れることができたのである。

（2）蔵漢対照テキストの整定

著者は、妙法院の二十八部衆像の再編に合わせて、『千手観音と二十八部衆の謎』（春秋社）を刊行し、新出の資料を用いて二十八部衆の起源を紹介したが、同書は一般向けの啓蒙書として書かれたので、学術的な註を省略して結論だけ述べざるを得なかった。

そこで著者は、「二十八部衆の成立について」（『密教図像』38号）において、従来は注目されていなかったチベット系資料や、最近の中国における研究動向を含めて、二十八部衆の成立を論じたが、「勅偈」以外のチベット語テキストについては、これまで紹介することができなかった。

そこで本書では、伽梵達摩訳『千手経』と、東北No.690と北京No.368の対応する部分を対照させた蔵漢対照テキストを公表することにした。

伽梵達摩訳『千手経』には、禅門の常用読誦経典である「大悲呪」や、複雑な千手観音の図像を読み解く鍵になる「四十手法」が説かれ、重要な文献であるにも拘わらず、これまで本格的なテキスト研究がなされてこなかった。

そこで本書では、伽梵達摩訳『千手経』を81のセクションに分科し、それぞれ東北No.690と北京No.368の対応する部分と対照させた。なお東北No.690は、ナルタン版にも対応する訳が収録されている。(66a1)としたのは、デルゲ版のフォリオと行番号、[302b3]としたのはナルタン版のフォリオと行番号である。

いっぽう北京No.368は、現在のところ他の『チベット大蔵経』に対応する訳が見いだせない。また北京No.368は§28で終結しているので、それ以後は漢訳と東北No.690のみを対照させている。さらに最近発見された「プダク版大蔵経」にも、東北No.690と北京No. 368とは別の『千手経』の異訳（No.510）が収録されるが、これは法成とは別人の手になるものの、漢訳から重訳されたテキストを思われるので、本書には収録しなかった。

さらに本書では、付録として「大悲呪」と、日本の千手観音の流布図像、チベット仏教で行われるソンツェンガムポ王流、ナーガールジュナ流、ラクシュミー流の千手観音の図像と「四十手法」の関係を紹介する小論を合わせて掲載することにした。

また智通訳『千臂経』(大正No.1057)と菩提流志訳『姥陀羅尼身経』(大正No.1058)に一致する後半部分についても、すでに蔵漢対照テキストを用意しているが、予定された紙数を大幅に超過するため、後日別著を期したいと考えている。

本書の刊行が、従来謎に包まれていた千手観音の成立という問題に、一石を投じるものとなることを期待している。

ソンツェンガムポ王流の千手観音（富山県南砺市利賀「瞑想の郷」所蔵）

Thousand-armed Avalokiteśvara in King Sroṅ btsan sgam po style

(Toga Meditation Museum, Toyama Prefecture, Japan)

Introduction

1. Preamble

This volume is a Japanese-English bilingual monograph on the **Mahākāruṇika-hṛdaya-dhāraṇī-sūtra* 大悲心陀羅尼経 (Taisho No. 1060), known as the *Senju-kyō* 千手経, or *Sahasrabhuja-sūtra*, in Japan.

In the spring of 2018, I was suddenly contacted by Myōhō-in 妙法院, a temple in Kyoto. When I had previously published *Bukkyō zuzōgaku* 仏教図像学 (*Buddhist Iconography*, Shunjūsha, 2015), I used a photograph of a woodblock print of Thousand-armed Avalokiteśvara and his twenty-eight attendants (二十八部衆) found inside the thousand statues of Thousand-armed Avalokiteśvara enshrined in Sanjūsangendō 三十三間堂, which is managed by Myōhō-in. After the publication of my book, I presented a copy to Myōhō-in, and this seems to have attracted the attention of Myōhō-in's management office.

In commemoration of the restoration of the thousand statues of Thousand-armed Avalokiteśvara and their designation as a national treasure, Myōhō-in was planning to rearrange the twenty-eight attendants of Thousand-armed Avalokiteśvara. At the same time, it was planned to correct the names of thirteen deities among the twenty-eight attendants, and I was asked to check the English versions of the captions.

Myōhō-in was responsible for this rearrangement, and I was only in charge of the captions. I was delighted to participate in this project since I was able to put my knowledge to good use and the fruits of my research would become better known. However, it was quite difficult to confirm the names of the twenty-eight attendants.

Thousand-armed Avalokiteśvara is mentioned in many Buddhist scriptures. However, a group of protective deities, the prototype of the twenty-eight attendants of Thousand-armed Avalokiteśvara, occurs only in verses included in the problematic translation of the *Sahasrabhuja-sūtra* by Bhagavad-dharma 伽梵達摩. These verses are called the "edict verses" (*chokuge* 勅偈) in Japanese since Avalokiteśvara summons various deities to protect those who uphold the *Sahasrabhuja-sūtra*. For metrical reasons, the names of the protective deities are abbreviated, e.g., Ucchu 烏芻 for Ucchuṣma and Kuṇḍa 君荼 for Amṛtakuṇḍalin. I was unable to ascertain the original names since the Sanskrit manuscript of the *Sahasrabhuja-sūtra* is not extant. Moreover, these edict verses are not found in other later Chinese translations.

In case of the *Sahasrabhuja-sūtra*, the Sanskrit manuscript of which has not been found, the most reliable method is to restore the original names from the Tibetan translation. However, the Tibetan version (Peking No. 369) corresponding to the Chinese translation by Bhagavad-dharma was translated in Dunhuang by 'Gos Chos 'grub (Facheng 法成) from the Chinese translation in the late eighth and early ninth century, and so it is not a primary source. Chos 'grub's translation shows how the bilingual translator who was active in Dunhuang understood Bhagavad-dharma's Chinese translation. But we cannot restore the original Sanskrit from the Tibetan translation.

Under such circumstances, the task of restoring the original names of the twenty-eight attendants of Thousand-armed Avalokiteśvara did not go smoothly. But in July 2018, when the editing of the captions was reaching the final stages, I discovered some clues to solving the problem.

The sDe-dge edition of the Tibetan canon includes another sūtra titled *Byaṅ chub sems dpa' 'phags pa spyan ras gzigs dbaṅ phyug lag pa stoṅ daṅ mig stoṅ daṅ ldan pa'i cho ga źib mo* (Tohoku No. 690), which comes just before Chos 'grub's aforementioned translation. The translator is not known, and it had never been the subject of any research. But it turns out that the first half corresponds to Bhagavad-dharma's *Sahasrabhuja-sūtra* and the second half to the *Qianbei jing* 千臂経（Taisho No. 1057）translated by Zhitong 智通 and the *Lao tuoluoni shen jing* 姥陀羅尼身経（Taisho No. 1058）, another translation of the same text by Bodhiruci 菩提流志. Furthermore, the first half includes verses listing the names of protective deities, similar to the edict verses.

The Chinese Buddhist scriptures discovered at Dunhuang include manuscripts in which the *Sahasrabhuja-sūtra* and Zhitong's *Qianbei jing* have been copied consecutively. Zhitong's translation is earlier than Bhagavad-dharma's *Sahasrabhuja-sūtra*, but it lacks the sort of introduction that is usual for Mahāyāna sūtras. The *Sahasrabhuja-sūtra*, on the other hand, begins with *ru shi wo wen* 如是我聞（*evaṃ mayā śrutam*）. If the *Qianbei jing* is placed after the *Sahasrabhuja-sūtra,* it gives the appearance of forming a single text. This seems to be the reason that such manuscripts were common in Dunhuang.

However, Tohoku No. 690 and the aforementioned Chinese translations do not match completely. Furthermore, we can glean details from Tohoku No. 690 that are not mentioned in Bhagavad-dharma's translation, such as the names of the protective deities in the edict verses. The arrangement of the deities also differs from Bhagavad-dharma's and Chos 'grub's translations. It lists forty-seven protective deities, and they by and large correspond to those given in Bhagavad-dharma's translation. Therefore, Tohoku No. 690 was not translated from the Chinese translation by Bhagavad-dharma, and it may have been translated from some Sanskrit source or from a Khotanese text from Bhagavad-dharma's homeland.

Meanwhile, Peking No. 368, included just before Chos 'grub's translation in the Peking edition, was thought to be identical to Tohoku No. 690. However, it turns out to be a different text, being only one-fourth of the length of Tohoku No. 690. It corresponds to only the first half of the *Sahasrabhuja-sūtra,* and its wording differs from Bhagavad-dharma's translation, suggesting that it was translated by a different person. This text includes verses that list the names of fifty-one protective deities in total but in a different format to Tohoku No. 690.

Thus, two sources of material have now become available for restoring the Sanskrit names of the protective deities given in the *Sahasrabhuja-sūtra*, the prototype of the twenty-eight attendants of Thousand-armed Avalokiteśvara.

2. Compilation of the Tibetan-Chinese Bilingual Text

On the occasion of the completion of the rearrangement of the twenty-eight attendants of Thousand-armed Avalokiteśvara of Myōhō-in I published *Senju kannon to nijūhachibushū no nazo* 千手観音と二十八部衆の謎 (*The Enigma of Thousand-armed Avalokiteśvara and His Twenty-eight Attendants*). Making use of the aforementioned new materials, I described the origins of the twenty-eight attendants of Thousand-armed Avalokiteśvara. But because this book was written for the general reader, I omitted notes and so on and presented only my conclusions.

Subsequently, I contributed an article titled "The Formation of the Twenty-eight Attendants of Thousand-armed Avalokiteśvara" to the journal *Mikkyō zuzō* 38 and discussed the origins of the twenty-eight attendants by making use of hitherto unknown Tibetan materials and new findings in China. However, I was not able to publish the Tibetan texts of the *Sahasrabhuja-sūtra* except for the edict verses.

In this volume, I have published the full text of the *Sahasrabhuja-sūtra* together with the corresponding Tibetan translations (Tohoku No. 690 and Peking No. 368). The *Sahasrabhuja-sūtra* had not been philologically studied even though it includes important sections such as the *Daihi-shū* 大悲呪, a *dhāraṇī* for daily recitation in Zen Buddhism, and the *sādhana* of forty hands 四十手法, which is the basis of the iconography of Thousand-armed Avalokiteśvara.

In this volume, I have divided the *Sahasrabhuja-sūtra* into 81 sections and compared each section with the corresponding Tibetan translations, Tohoku No. 690 and Peking No. 368.

Tohoku No. 690 is also included in the sNar thaṅ edition. A reference such as (66a1) refers to the folio and line numbers of the sDe dge edition, while [302b3] indicates the folio and line numbers of the sNar thaṅ edition. However, there are no texts corresponding to Peking No. 368 in other editions of the Tibetan canon. Peking No. 368, moreover, ends at §28, and thereafter I compare the Chinese translation with only Tohoku No. 690.

The recently discovered Phug brag edition contains another version of the *Sahasrabhuja-sūtra* (No. 510). It seems to have been translated from Chinese but is different from Chos 'grub's translation. It has, therefore, not been included in this volume.

I have also added an article on the *Daihi-shū* and a comparative study of Thousand-armed Avalokiteśvara in Sino-Japanese traditions and three Tibetan traditions, the Sroṅ btsan sgam po, Nāgārjuna, and Lakṣmī styles, comparing the *sādhana*s of the forty hands.

I have already prepared the text of the second half of Tohoku No. 690, corresponding to Zhitong's *Qianbei jing* and Bodhiruci's *Lao tuoluoni shen jing*. If circumstances permit, I hope to publish this, too, in the future.

This volume should provide some new information to overseas readers interested in the cult and iconography of Thousand-armed Avalokiteśvara and will, I hope, contribute to academic exchange between Japan and other countries.

§ 1

（漢）千手千眼觀世音菩薩廣大圓滿無礙大悲心陀羅尼經

唐西天竺沙門伽梵達摩譯

如是我聞。一時釋迦牟尼佛。在補陀落迦山觀世音宮殿寶莊嚴道場中。坐寶師子座。其座純以無量雜摩尼寶而用莊嚴百寶幢旛周匝懸列。爾時如來於彼座上。將欲演說總持陀羅尼故。

(sde dge, 690) (66a1)[302b3]༄༅། །བྱང་ཆུབ་སེམས་དཔའ་འཕགས་པ་སྤྱན་རས་གཟིགས་དབང་ཕྱུག་ལག་པ་སྟོང་པ་དང་།མིག་[b4]སྟོང་དང་[N: པ་](a2)ལྡན་པའི་ཆོ་ག་ཞིབ་མོ། སངས་རྒྱས་ དང་བྱང་ཆུབ་སེམས་དཔའ་ཐམས་ཅད་ལ་ཕྱག་འཚལ་ལོ། །འདི་སྐད་བདག་གིས་ཐོས་པ་དུས་གཅིག་ན། བཅོམ་ལྡན་འདས་ཤཱ་ཀྱ་[b5]ཐུབ་པ། རི་གྲུ་འཛིན་ན་བྱང་ཆུབ་སེམས་དཔའ་འཕགས་པ་སྤྱན་རས་གཟིགས་དབང་ཕྱུག་གི་(a3)གནས་ན། རིན་པོ་ཆེ་བཀོད་པའི་འཁོར་གྱི་ཁྱམས་ན་བཞུགས་ཤིང་། བཅོམ་ལྡན་འདས་[b5]རིན་པོ་ཆེའི་སེང་གེའི་ཁྲི་ལ་བཞུགས་ཏེ། ཁྲི་དེ་ནི་རིན་པོ་ཆེའི་མཆོག་སྣ་ཚོགས་དུ་མས་སྤྲས་པ། རིན་པོ་ཆེ་སྣ་བདུན་གྱི་རྒྱལ་མཚན་རྣམས་ཀྱིས་ཡོངས་སུ་བརྒྱན་པ་ལྷའི་བ་དན་(a4)དཔྱངས་[N:སྤྱངས་][b6] པ་སྟེ། དེའི་ཚེ་སངས་རྒྱས་བཅོམ་ལྡན་འདས་སེང་གེའི་ཁྲི་དེ་ཉིད་ལ་བཞུགས་ནས་འདི་སྙམ་དགོངས་ཏེ། ངས་བྱང་ཆུབ་སེམས་དཔའ་ཐམས་ཅད་འཛིན་པའི་གཟུངས་བཤད་གོར་མ་ [303a1]ཆག་སྙམ་དུ་དགོངས་སོ།།

(peking, 368)

(263a4)།།བོད་སྐད་དུ། འཕགས་པ་སྤྱན་རས་གཟིགས་དབང་ཕྱུག་ཕྱག་སྟོང་(a5)སྤྱན་སྟོང་དུ་སྤྲུལ་པ་རྒྱ་ཆེན་པོ་ཡོངས་སུ་རྫོགས་པ་ཐོགས་པ་མིད(=མེད་)པར་ཐུགས་རྗེ་ཆེན་པོ་དང་ལྡན་པའི་གཟུངས། སངས་རྒྱས་དང་བྱང་ཆུབ་སེམས་དཔའ་ཐམས་ཅད་ལ་ཕྱག་འཚལ་ལོ།། འདི་སྐད་བདག་གིས་ཐོས་པའི་དུས་ཅིག་ན།(a6)བཅོམ་ལྡན་འདས་རི་པོ་ཏ་ལི(=ལ) འི་

སྙིང་ན་འཕགས་པ་སྤྱན་རས་གཟིགས་དབང་ཕྱུག་གི་ཁང་པར་ནི་རིན་པོ་ཆེས་རྣམ་པར་བརྒྱན་པའི་ནང་ན་སེང་གེའི་གདན་རིན་པོ་ཆེ་སྣ་ཚོགས་ཀྱིས་སྤྲས་པ།།རིན་པོ་ཆེ་སྣ་ཚོགས་ཀྱི་རྒྱལ་མཚན་དང་།ལྷའི་བ་(a7)དན་ལ་སོགས་པ་ལྷབ་ལྷུབ་ཀྱིས་གླུབས་པའི་ནང་ན་བཞུགས་ཏེ།དེའི་ཚེ་དེ་བཞིན་གཤེགས་པས་གཟུངས་སྔགས་ཀུན་ཏུ་འཛིན་པས་བཤད་པར་དགོངས་ནས།

§ 2

（漢）與無央數菩薩摩訶薩俱。其名曰總持王菩薩。寶王菩薩。藥王菩薩。藥上菩薩。觀世音菩薩。大勢至菩薩。華嚴菩薩。大莊嚴菩薩。寶藏菩薩。徳藏菩薩。金剛藏菩薩。虚空藏菩薩。彌勒菩薩。普賢菩薩。文殊師利菩薩。如是等菩薩摩訶薩。皆是灌頂大法王子。

(sde dge, 690)

བྱང་ཆུབ་སེམས་དཔའ་སེམས་དཔའ་ཆེན་པོ་དུ་མ་དང་།(a5)ཐབས་ཅིག་ཏུ་བཞུགས་པ་ལ་(N:lacking)འདི་ལྟ་སྟེ། བྱང་ཆུབ་སེམས་དཔའ་གཟུངས་[a2]ཀྱི་དབང་ཕྱུག་རྒྱལ་པོ་དང་། བྱང་ཆུབ་སེམས་དཔའ་སེམས་དཔའ་ཆེན་པོ་རིན་པོ་ཆེའི་རྒྱལ་པོ་དང་། བྱང་ཆུབ་སེམས་དཔའ་སྨན་གྱི་རྒྱལ་པོ་དང་། བྱང་ཆུབ་སེམས་དཔའ་[a3]སྨན་གྱི་སྡེ་དང་། བྱང་ཆུབ་(a6)སེམས་དཔའ་འཕགས་པ་སྤྱན་རས་གཟིགས་དབང་ཕྱུག་དང་། བྱང་ཆུབ་སེམས་དཔའ་མཐུ་ཆེན་ཐོབ་དང་། བྱང་ཆུབ་སེམས་དཔའ་པདྨའི་[a4]སྤྱན་དང་། བྱང་ཆུབ་སེམས་དཔའ་བཀོད་པ་ཆེན་པོ་དང་། བྱང་ཆུབ་སེམས་དཔའ་རིན་པོ་ཆེའི་སྙིང་པོ་དང་། བྱང་ཆུབ་སེམས་(a7)དཔའ་དཔལ་གྱི་སྙིང་པོ་དང་།བྱང་ཆུབ་སེམས་[a5]དཔའ་རྡོ་རྗེའི་སྙིང་པོ་དང་། བྱང་ཆུབ་སེམས་དཔའ་ནམ་མཁའི་སྙིང་པོ་དང་། བྱང་ཆུབ་སེམས་དཔའ་བྱམས་པ་དང་། བྱང་ཆུབ་སེམས་དཔའ་ཀུན་ཏུ་བཟང་པོ་དང་། བྱང་[a6]ཆུབ་སེམས་དཔའ་འཇམ་དཔལ་ལ་

སོགས་པ།(66b1)བྱང་ཆུབ་སེམས་དཔའ་སེམས་དཔའ་ཆེན་པོ་རྣམས་ཀྱང་། དེ་བཞིན་གཤེགས་པ་ཐམས་ཅད་ཀྱིས་(N:ཀྱི་)སྤྱི་བོ་ནས་དབང་བསྐུར་བ། ཆོས་[a7]ཀྱི་རྒྱལ་པོ་ཆེན་པོ་རྣམ་ཐོས་ཀྱི་སྲས་ཤ་སྟག་དང་ཐབས་ཅིག་གོ།

(peking, 368)

བྱང་ཆུབ་སེམས་དཔའ་སེམས་དཔའ་ཆེན་པོ་གྲངས་མེད་དཔག་ཏུ་མེད་པ་དག་(a8)དང་ཐབས་གཅིག་ཏུ་བཞུགས་པ་ལ་འདི་ལྟ་སྟེ།།བྱང་ཆུབ་སེམས་དཔའ་གཟུངས་འཛིན་རྒྱལ་པོ་དང་།བྱང་ཆུབ་སེམས་དཔའ་རིན་པོ་ཆེའི་རྒྱལ་པོ་དང་།བྱང་ཆུབ་སེམས་དཔའ་སྨན་གྱི་རྒྱལ་པོ་དང་།བྱང་ཆུབ་སེམས་དཔའ་སྨན་གྱི་བླ་དང་།བྱང་ཆུབ་(263b1)སེམས་དཔའ་སྤྱན་རས་གཟིགས་དབང་ཕྱུག་དང་།བྱང་ཆུབ་སེམས་དཔའ་མཐུ་ཆེན་ཐོབ་དང་།བྱང་ཆུབ་སེམས་དཔའ་མེ་ཏོག་བཀོད་པ་དང་།བྱང་ཆུབ་སེམས་དཔའ་ཆེར་བཀོད་པ་དང་།བྱང་ཆུབ་སེམས་དཔའ་རིན་པོ་ཆེ་བཀོད་པ་དང།།བྱང་ཆུབ་སེམས་(b2)དཔའ་དཔལ་གྱི་སྙིང་པོ་དང་།བྱང་ཆུབ་སེམས་དཔའ་རྡོ་རྗེའི་སྙིང་པོ་དང་།བྱང་ཆུབ་སེམས་དཔའ་ནམ་མཁའི་སྙིང་པོ་དང་།བྱང་ཆུབ་སེམས་དཔའ་བྱམས་པ་དང་།ཀུན་ཏུ་བཟང་པོ་དང་བྱང་ཆུབ་སེམས་དཔའ་འཇམ་དཔལ་ལ་སོགས་པ་བྱང་ཆུབ་(b3)སེམས་དཔའ་སེམས་དཔའ་ཆེན་པོ་དེ་དག་ཐམས་ཅད་ཀྱང་ཆོས་ཆེན་པོའི་དབང་སྤྱི་བོ་ནས་བསྐུར་བ་ཤ་སྟག་དང་།

§ 3

（漢）又與無量無數大聲聞僧。皆行阿羅漢。十地摩訶迦葉而爲上首。又與無量梵摩羅天。善吒梵摩而爲上首。又與無量欲界諸天子倶。瞿婆伽天子而爲上首。又與無量護世四王倶。提頭賴吒而爲上首。又與無量天龍夜叉乾闥婆阿修羅迦樓羅緊那羅摩睺羅伽人非人等倶。天徳大龍王而爲上首。又與無量欲界諸天女倶。童目天女而爲上首。又與無量虚空神。江海神泉源神河沼神。藥草神樹林神舍宅神。水神火神地神風神。

土神山神石神。宮殿等神皆來集會。

(sde dge, 690)

འོད་སྲུང་ཆེན་པོ་ལ་སོགས་གང་དག་གིས་ཉན་ཐོས་དག་གི་ས་བཅུ་སྤྱོད་པར་གྱུར་པ། ཉན་ཐོས་ཀྱི་(b2)དགེ་[303b1]འདུན་དཔག་ཏུ་མེད་པ། གྲངས་མེད་པ། ཚངས་པ་དུང་ལ་སོགས་པ་ཚངས་རིས་ཀྱི་ལྷའི་བུ་དུ་མ་དང་།ལྷའི་བུ་ས་འཚོ་ལ་སོགས་པ་ལྷའི་བུ་དུ་མ་དང་། རྒྱལ་པོ་ཆེན་པོ་བཞི་འཕགས་སྐྱེས་པོ་[b2]ལ་སོགས་པ་དུ་མ་དང་། ལྷ་དང་། ཀླུ་དང་། གནོད་སྦྱིན་དང་། དྲི་ཟ་དང་། ལྷ་མ་ཡིན་དང་།(b3)ནམ་མཁའ་ལྡིང་དང་། མིའམ་ཅི་དང་། ལྟོ་འཕྱེ་ཆེན་པོ་དང་། མི་དང་མི་མ་ཡིན་པ་དུ་མ་[b3]དང་། ཀླུའི་རྒྱལ་པོ་ནུས་པའི་དྲ་བ་ལ་སོགས་པ་ཀླུའི་རྒྱལ་པོ་དུ་མ་དང་། ལྷའི་བུ་མོ་གཞོན་ནུའི་མིག་ལ་སོགས་པ། འདོད་པ་ན་སྤྱོད་པའི་ལྷ་དུ་མ་དང་། དགོན་པའི་ལྷ་དུ་མ་ཡང་[b4]ཐབས་ཅིག་(b4)གོ། འབབ་ཆུ་དང་། མཚོ་དང་། མཚོ་བྲན་དང་། ཁྲོན་པ་དང་། ཆུ་ཀླུང་དང་། ཆུ་ཀླུང་ཆེན་པོ་དང་། སྨན་དང་། རྩྭ་དང་། ཤིང་གེལ་བ་དང་། ནགས་ཚལ་[b5]དང་། ནགས་ཁྲོད་དང་། གཙུག་ལག་ཁང་དང་། ཁྱིམ་དང་། ཆུ་དང་། མེ་དང་། རྔུལ་གྱི་རི་དང་། (b5)ས་དང་། རྒྱལ་པོའི་ཁབ་དང་། མཆོད་རྟེན་དང་། དྲི་གཙང་ཁང་ལ་[b6]སོགས་པ་ན་གནས་པའི་ལྷ་ཐམས་ཅད་ཀྱང་དེར་འདུས་སོ།།

(peking, 368)

ཉན་ཐོས་ཀྱི་དགེ་འདུན་ཆེན་པོའི་ནང་ན་གཙོ་བོ་འོད་བསྲུངས་ཆེན་པོ་དང་། ཉན་ཐོས་ཀྱི་དགེ་འདུན་གྲངས་མེད་པ་དག་དགྲ་བཅོམ་(b4)པའི་ས་བཅུ་ལ་སྤྱོད་པ་ཤ་སྟག་དང་། ཡང་ཚངས་ལྷ་རྣམས་ཀྱི་ནང་ན་གཙོ་བོ་ཚངས་པ་ཆེན་པོ་དང་། ཚངས་ལྷ་གྲངས་མེད་པ་དག་དང་། ཡང་ལྷའི་བུའི་ནང་གཙོ་བོ་ལྷའི་ཟེར་སྣང་བུ་བ་ཅན་དང་། ལྷའི་བུ་གྲངས་མེད་པ་དག་དང་། འཇིག་རྟེན་སྐྱོང་བའི་གཙོ་བོ་(b5)གནས་སྲུང་པོ་ལ་སོགས་པ་རྒྱལ་པོ་ཆེན་པོ་བཞི་དག་དང་ལྷ་དང་ཀླུ་དང་གནོད་སྦྱིན་དང་། དྲི་ཟ་དང་ལྷ་མ་ཡིན་དང་། ནམ་མཁའ་ལྡིང་དང་། མི་འམ་ཅི་དང་ལྟོ་འཕྱེ་ཆེན་པོ་དང་མི་དང་མི་མ་ཡིན་པ་ལ་སོགས་པ་གྲངས་མེད་

པའི་ནང་ན་གཙོ་བོ་ལྷུའི་རྒྱལ་(b6)པོའི་དཔལ་དང་། འདོད་པའི་ཁམས་ཀྱི་ལྷ་མོ་གྲངས་མེད་པའི་ནང་ན་གཙོ་མོ་ལྷ་མོ་གཞོན་ནུའི་མིག་དང་། ནམ་མཁའ་དང་ཆུ་བོ་དང་མཚོ་དང་། རྫིང་དང་། ཆུ་མིག་དང་། ཤིང་དང་། སྨན་དང། ཚལ་དང་། གྲོང་ཁྱིམ་དང་། ས་དང་ཆུ་དང་མེ་(b7)དང་རླུང་དང་། རི་དང་། ནགས་ཚལ་ལ་སོགས་པའི་ལྷ་ཀུན་དང་ཐབས་གཅིག་གོ།

§ 4

（漢）時觀世音菩薩。於大會中密放神通。光明照曜十方剎土。及此三千大千世界。皆作金色。天宮龍宮諸尊神宮皆悉震動。江河大海鐵圍山須彌山。土山黒山亦皆大動。日月珠火星宿之光皆悉不現。

(sde dge, 690)

དེ་ནས་བྱང་ཆུབ་སེམས་དཔའ་འཕགས་པ་སྤྱན་རས་གཟིགས་དབང་ཕྱུག་འཁོར་ཆེན་པོ་དེའི་ནང་ན་འདུག་པས། རྫུ་འཕྲུལ་[b7]མངོན་པར་ཤེས་པའི་འོད་ཟེར་(b6)རྣམས་ཀྱིས་མ་ཆོར་བར་ཕྱོགས་བཅུའི་སངས་རྒྱས་ཀྱི་ཞིང་རྣམས་ཁྱབ་པར་སྣང་བར་བྱས་ཤིང་། སྟོང་གསུམ་གྱི་སྟོང་ཆེན་པོའི་འཇིག་རྟེན་གྱི་[304a1]ཁམས་འདི་ཡང་གསེར་གྱི་ཁ་དོག་ལྟ་བུར་བྱས་སོ། །ལྷ་དང་ཀླུ་ཐམས་ཅད་དང་། ལྷ་མཆོག་ཐམས་ཅད་ཀྱི་ཁང་པ་དག་ཀྱང་ཁྲོལ་ཞེས་གཡོས་སོ། (b7)ཆུ་ཀླུང་དང་། [a2]ཆུ་ཀླུང་ཆེན་པོ་དང་། རྒྱ་མཚོ་ཆེན་པོ་དང་། རི་ཁོར་ཡུག་དང་། རི་བོ་རི་རབ་དང་། རྡུལ་གྱི་རི་དང་། རི་ནག་པོ་ཐམས་ཅད་ཀྱང་ཤིན་ཏུ་གཡོས་སོ། ཟླ་བ་དང་། ཉི་མ་དང་། རིན་པོ་[a3]ཆེ་དང་། མེ་དང་། གཟའ་དང་། རྒྱུ་སྐར་གྱི་འོད་ཀྱང་མོག་མོག་པོར་བྱས་(67a1)སོ།

(peking, 368)

དེ་ནས་བྱང་ཆུབ་སེམས་དཔའ་སེམས་དཔའ་ཆེན་པོ་འཕགས་པ་སྤྱན་རས་གཟིགས་དབང་ཕྱུག་གིས་འཁོར་མང་པོ་འདུས་པའི་ནང་ནས་གསངས་ཏེ་རྫུ་འཕྲུལ་གྱི་འོད་(b8)ཕྱོགས་

བཅུར་བཏང་ནས། སྟོང་གསུམ་གྱི་སྟོང་ཆེན་པོའི་འཇིག་རྟེན་གྱི་ཁམས་ཀུན་ཀྱང་གསེར་གྱི་ཁ་དོག་ཏུ་སྣང་། ལྷའི་གནས་དང་། ཀླུའི་གནས་དང་། གཞན་པོ་ཐམས་ཅད་ཀྱི་གནས་ཀུན་ཀྱང་གཡོས་རབ་ཏུ་གཡོས། ཆུ་བོ་དང་རྒྱ་མཚོ་དང་། (264a1)རི་རབ་དང་ལྕགས་ཀྱི་རི་དང་། ཁོར་ཡུག་དང་སའི་རི་དང་། རྡོའི་རི་དང་རི་ནག་པོ་དང་། རི་དམར་པོ་ལ་སོགས་པ་ཀུན་ཀྱང་གཡོས་རབ་ཏུ་གཡོས། ཉི་མ་དང་། ཟླ་བ་དང་། ནོར་བུ་དང་། མེ་དང་། གཟའ་སྐར་མ་རྣམས་ཀྱི་འོད་(a2)ཀྱང་མེད་པར་གྱུར་ཏོ།།

§ 5

（漢）於是總持王菩薩。見此希有之相怪未曾有。即從座起叉手合掌。以偈問佛。如此神通之相是誰所放。以偈問曰

(sde dge, 690)

བྱང་ཆུབ་སེམས་དཔའ་གཟུངས་ཀྱི་དབང་ཕྱུག་རྒྱལ་པོས་ལྟས་རྨད་དུ་བྱུང་བ་དེ་མཐོང་ནས། ལྟས་སྔོན་མ་[a4]མཐོང་བ་ལ་ཐེ་ཚོམ་སྐྱེས་ཏེ། དེ་སྟན་ལས་ལངས་ཏེ་ཐལ་མོ་སྦྱར་ཏེ། རྫུ་འཕྲུལ་མངོན་པར་ཤེས་པའི་ལྟས་འདི་སུས་བགྱིས་ཞེས། སངས་(a2)རྒྱས་བཅོམ་ལྡན་འདས་ལ་ཚིགས་སུ་[a5]བཅད་པས་(N:པ་)ཞུས་པ།།

(peking, 368)

དེ་ནས་བྱང་ཆུབ་སེམས་དཔའ་སེམས་དཔའ་ཆེན་པོ་གཟུངས་འཛིན་རྒྱལ་པོས་འདི་ལྟ་བུའི་ཡ་མཚན་ངོ་མཚར་རྨད་དུ་གྱུར་པ་མཐོང་ནས་སྟན་ལས་ལངས་ཏེ། བཅོམ་ལྡན་འདས་ག་ལ་བ་དེ་ལོགས་སུ་ཐལ་མོ་སྦྱར་ནས་(a3)བཅོམ་ལྡན་འདས་ལ་འདི་ལྟ་བུའི་རྫུ་འཕྲུལ་གྱི་ལྟས་ངོ་མཚར་དུ་བྱུང་བ་སུའི་མཐུ་ལགས་ཞེས་བཅོམ་ལྡན་འདས་ལ་ཚིགས་སུ་བཅད་ཏེ་ཞུས་པ།

§ 6

（漢）誰於今日成正覺　普放如是大光明
十方刹土皆金色　三千世界亦復然
誰於今日得自在　演放希有大神力
無邊佛國皆震動　龍神宮殿悉不安
今此大衆咸有疑　不測因緣是誰力
爲佛菩薩大聲聞　爲梵魔天諸釋等
唯願世尊大慈悲　説此神通所由以

(sde dge, 690)

།དེང་སུ་(N:སུས་)བྱང་ཆུབ་ཡང་དག་མཐར་ཕྱུག་གྱུར།
།ཐམས་ཅད་ལྡན་པའི་འོད་ཟེར་སུ་ཡིས་བཏང་།
།འཇིག་རྟེན་མགོན་པོ་ཅི་སྐད་ཕྱོགས་བཅུ་ཡི།
།ཞིང་རྣམས་[a6]གསེར་མཆོག་འདྲ་བར་གནས་པར་གྱུར།
།སྟོང་གསུམ་འདི་ནི་ཅི་(a3)སྐད་ཆོག་པ་འདྲ།
།དེང་འདིར་སུ་ཞིག་གིས་ནི་དབང་ཐོབ་ལགས།
།ཚོན་ཆད་མ་བྱུང་རྫུ་འཕྲུལ་སྟོབས་སུས་བསྟན།
།[a7]སུ་ཡིས་འདིར་ནི་ཞིང་མང་གཡོས་པར་བགྱིས།
།ཅི་སྐད་ལྷ་དང་ཀླུ་རྣམས་ཁྱིམ་འཁྲུགས་ཤིང་།
།གཞལ་མེད་ཁང་མཆོག་དག་ཀྱང་རབ་འགྱུལ་དང་།
(a4)།ཐམས་ཅད་སྐྲག་ནས་[304b1]རྣམ་པར་བལྟ་ཞིང་མཆིས།
།ཅི་ཡི་སྐད་དུ་སྟོང་གསུམ་གཡོས་པ་དང་།
།གང་གིས་འཁོར་འདིར་ཐེ་ཚོམ་སྐྱེས་གྱུར་དེའི།
།རྒྱུ་དང་སུ་ཡི་མཐུ་ལགས་མ་འཚལ་ན།
།ཅི་སྐད་རྫུ་འཕྲུལ་མངོན་[b2]ཤེས་བསྟན་བགྱིས་པ།

།རྒྱལ་བ་བྱམས་པའི་ཐུགས་ཅན་བཀའ་(a5)སྩལ་གསོལ།

(peking, 368)

།གང་ཞིག་དེ་རིང་མངོན་པར་རྫོགས་སངས་རྒྱ[ས]།
།འདི་ལྟར་འོད་ཆེན་ཀུན་ཏུ་བཏང་གནས་སུ།
[།]ཕྱོགས་(a4)བཅུའི་འཇིག་རྟེན་ཁ་དོག་གསེར་དུ་སྣང་།
།སྟོང་ཁམས་ཀུན་ཀྱང་ཁྱབ་པར་དེ་བཞིན་ནོ།
།སུ་ཞིག་དེ་རིང་དབང་ཕྱུག་ཐོབ་པ་སྟེ།
།མཐུ་ཆེན་ངོ་མཚར་ལྡན་པའི་ལྟས་བྱུང་བས།
།འཇིག་རྟེན་མཐའ་ཡས་ཀུན་ཀྱང་རབ་གཡོས་ཤིང་།
།ལྷ་ཀླུའི་ཁང་ཁྱིམ་(a5)ཀུན་ཀྱང་བདེ་མ་གྱུར།
།སུ་ཡི་མཐུ་སྟོབས་རྒྱུ་རྐྱེན་གང་ལགས་པ།
།བདག་ཅག་མ་རིག་ཐེབས་པོར་སྐྱེས་པས་ན།
།བཅོམ་ལྡན་བྱམས་པ་དང་ནི་ཐུགས་རྗེ་ཡིས།
།འཕྲུལ་འདི་སུ་ཡི་ཡོན་ཏན་བཤད་དུ་གསོལ།

§ 7

（漢）佛告總持王菩薩言。善男子汝等當知。今此會中有一菩薩摩訶薩。名曰觀世音自在。從無量劫來成就大慈大悲。善能修習無量陀羅尼門。爲欲安樂諸衆生故。密放如是大神通力。

(sde dge, 690)

།བཅོམ་ལྡན་འདས་ཀྱིས་བྱང་ཆུབ་སེམས་དཔའ་གཟུངས་ཀྱི་དབང་ཕྱུག་རྒྱལ་པོ་ལ་བཀའ་
སྩལ་པ།　ཀྱེ་[b3]རིགས་ཀྱི་བུ་ཁྱོད་ལ་སོགས་པ་(N:lacking)འདི་ལྟར་ཤེས་པར་གྱིས་ཤིག།

ད་ལྟར་འཁོར་གྱི་དཀྱིལ་འཁོར་འདི་ན་བྱང་ཆུབ་སེམས་དཔའ་སེམས་དཔའ་ཆེན་པོ་མིང་འཕགས་(a6)པ་སྤྱན་རས་གཟིགས་[b4]དབང་ཕྱུག་ཅེས་བྱ་བ་ཞིག་ཡོད་དེ། འདི་ནི་བསྐལ་པ་དུ་མ་ནས་འགྲོ་བའི་དོན་མཐར་ཕྱིན་པ། བྱམས་པ་དང་། སྙིང་རྗེ་དང་ཐབས་ལ་མཁས་པ། བསྒོམས་པས་སྦྱངས་པ་དང་། གཟུངས་[b5]ཀྱི་སྒོ་རྣམས་ལ་ནུས་པ་དང་ལྡན་པ་སྟེ། སེམས་ཅན་(a7)གྱི་ཁམས་ཐམས་ཅད་ལ་ཞི་བ་དང་། བདེ་བར་འདོད་པས་རྫུ་འཕྲུལ་གྱི་སྟོབས་ཆེན་པོ་འདི་ཕྱུང་ངོ༎

(peking, 368)

།དེ་ནས་བཅོམ་ལྡན་འདས་ཀྱིས་(a6)བྱང་ཆུབ་སེམས་དཔའ་གཟུངས་འཛིན་རྒྱལ་པོ་ལ་འདི་སྐད་ཅེས་བཀའ་སྩལ་ཏོ༎ རིགས་ཀྱི་བུ་ཁྱེད་རྣམས་ཤེས་པར་གྱིས་ཤིག །དེ་ལྟར་འཁོར་འདིར་འདུས་པའི་ནང་ནས་བྱང་ཆུབ་སེམས་དཔའ་སེམས་དཔའ་ཆེན་པོ་སྤྱན་རས་གཟིགས་དབང་(a7)ཕྱུག་ཅེས་བྱ་བར་ཐོག་མར་བསྐལ་པ་གྲངས་མེད་པ་ནས་བྱམས་པ་དང་སྙིང་རྗེ་ཆེན་པོ་བསྒྲུབས་ཏེ། གཟུངས་ཀྱི་སྒོ་གྲངས་མེད་པ་སྤྱད་ཅིང་སྦྱོང་པ་ལ་མཁས་པས་སེམས་ཅན་ཐམས་ཅད་བདེ་བ་ལ་བཀོད་པའི་ཕྱིར༎ འདི་ལྟ་བུའི་རྫུ་འཕྲུལ་གྱིས་ལྟས་(a8)ཆེན་པོ་གསངས་ཏེ་བཏང་བ་ཡིན་ནོ༎

§ 8

（漢）佛說是語已。爾時觀世音菩薩從座而起整理衣服向佛合掌。白佛言世尊。我有大悲心陀羅尼呪今當欲說。爲諸衆生得安樂故。除一切病故。得壽命故得富饒故。滅除一切惡業重罪故。離障難故。增長一切白法諸功德故。成就一切諸善根故。遠離一切諸怖畏故。速能滿足一切諸希求故。惟願世尊慈哀聽許。

(sde dge, 690)

བཅོམ་ལྡན་འདས་ཀྱིས་དེ་སྐད་[b6]ཅེས་བཀའ་སྩལ་པ་དང་། དེ་ནས་དེའི་ཚེ་བྱང་ཆུབ་སེམས་དཔའ་འཕགས་པ་སྤྱན་རས་གཟིགས་དབང་ཕྱུག་སྟན་ལས་ལངས་ཏེ། གོས་(67b1)ལེགས་པར་བགོས་ནས། སངས་རྒྱས་བཅོམ་ལྡན་[b7]འདས་ལ་ཐལ་མོ་སྦྱར་ཏེ། འདི་སྐད་ཅེས་གསོལ་ཏོ། །བཙུན་པ་བཅོམ་ལྡན་འདས་བདག་ལ་སྙིང་རྗེ་ཆེན་པོའི་རང་བཞིན་གྱིས་གསང་སྔགས་སྙིང་ལྟར་བཟུང་བ་མཆིས་ཏེ། སེམས་ཅན་གྱི་[305a1]ཁམས་ཐམས་ཅད་ཀྱི་(N:ཀྱིས་)ཕན་པ་དང་། (b2)བདེ་བ་ཐོབ་པར་བགྱི་བ་དང་། སྡིག་པའི་ལས་ཐམས་ཅད་དང་། ལས་ཀྱི་སྒྲི་བ་རྣམས་འབྱང་བར་བགྱི་བ་དང་། བགེགས་[a2]དང་མི་ཁོམ་པ་རྣམས་ཡོངས་སུ་སྤང་པར་བགྱི་བ་དང་། དགེ་བའི་ཕྱོགས་བསོད་ནམས་ཐམས་ཅད་འཕེལ་བར་བགྱི་བ་དང་། དགེ་བའི་རྩ་བའི་ས་བོན་ཐམས་ཅད་ཡོངས་སུ་(b3)རྫོགས་པར་བགྱི་[a3]བ་དང་། འཇིགས་པ་དང་། གནོད་པ་ཐམས་ཅད་ཡོངས་སུ་སྤང་པ་དང་། མཆོག་ཐམས་ཅད་མྱུར་དུ་ཡོངས་སུ་རྫོགས་པར་བགྱི་བའི་སླད་དུ། བདག་ད་དེ་བརྗོད་པར་འཚལ་ན། བཅོམ་ལྡན་འདས་[a4]ཐུགས་བརྩེ་བའི་སླད་དུ། ཐུགས་རྗེས་བདག་ལ་ངེས་པར་གནང་(b4)བར་མཛད་དུ་གསོལ།

(peking, 368)

།བཅོམ་ལྡན་འདས་ཀྱིས་དེ་སྐད་ཅེས་བཀའ་སྩལ་ནས། བྱང་ཆུབ་སེམས་དཔའ་སྤྱན་རས་གཟིགས་དབང་ཕྱུག་སྟན་ལས་ལངས་ཏེ།། གོས་ཚགས་བཅོས་ནས་བཅོམ་ལྡན་འདས་ག་ལ་བ་དེ་ལོགས་སུ་ཐལ་མོ་(264b1)སྦྱར་བ་བཏུད་ནས་བཅོམ་ལྡན་འདས་ལ་འདི་སྐད་ཅེས་གསོལ་ཏོ། །བཅོམ་ལྡན་འདས་བདག་ལ་ཐུགས་རྗེ་ཆེན་པོ་དང་ལྡན་པའི་གཟུངས་སྔགས་ཀྱི་སྙིང་པོ་མཆིས་ཏེ་སེམས་ཅན་ཐམས་ཅད་བདེ་བ་ལ་གནས་པར་བགྱི་བ་དང་། ནད་ཐམས་ཅད་(b2)སེལ་བར་བགྱི་བ་དང་། ཚེ་སྐྱོང་བར་བགྱི་བ་དང་། ཕྱུག་ཅིང་ལོངས་སྤྱོད་དང་ལྡན་པར་བགྱི་བ་དང་། སྡིག་པ་མི་དགེ་བའི་ལས་ཐམས་ཅད་སེལ་བར་བགྱི་བ་དང་། བགེགས་དང་བསྒྲིབ་པ་རྣམས་སེལ་བར་བགྱི་བ་དང་། ཆོས་དཀར་པོ་ཐམས་ཅད་དང་། ཡོན་(b3)ཏན་ཐམས་ཅད་རྣམ་པར་འཕེལ་བར་བགྱི་བ་དང་ལེགས་པའི་ས་བོན་ཐམས་ཅད་ཡོངས་སུ་

གྲུབ་པར་བགྱི་བ་དང་། འཇིགས་ཤིང་སྐྲག་པར་འགྱུར་བ་ཐམས་ཅད་ལས་ཡོངས་སུ་ཐར་བར་བགྱི་བ་དང་། རེ་བ་ཐམས་ཅད་སྒྲུར་དུ་བསྐོང་བར་བགྱི་བའི་(b4)སླད་དུ་བཤད་པར་འཚལ་ན། དེ་བཞིན་གཤེགས་པས་ཐུགས་རྗེར་དགོངས་ཏེ་གནང་བར་མཛད་དུ་གསོལ།

§ 9

（漢）佛言善男子。汝大慈悲安樂衆生欲説神呪。今正是時宜應速説。如來隨喜諸佛亦然。

(sde dge, 690)

བཅོམ་ལྡན་འདས་ཀྱིས་བཀའ་སྩལ་པ། ཀྱེ་རིགས་ཀྱི་བུ་ཤིན་ཏུ་སྙིང་རྗེ་ཆེན་པོ་དང་ལྡན་པ[a5]ཁྱོད། སེམས་ཅན་རྣམས་ལ་ཕན་པ་དང་། བདེ་བའི་ཕྱིར། གསང་སྔགས་གང་བརྗོད་པར་འདོད་པ་འདི། ད་ལྟར་ལེགས་པར་ཁྱོད་ཀྱིས་དུས་ལ་བབ་ཀྱིས་མྱུར་དུ(b5)སྨྲོས་ཤིག[a6]སངས་རྒྱས་བཅོམ་ལྡན་འདས་དང་། དེ་བཞིན་དུ་སངས་རྒྱས་བཅོམ་ལྡན་འདས་ཐམས་ཅད་ཀྱང་རྗེས་སུ་ཐུགས་རང་ངོ་།

(peking, 368)

།དེ་ནས་བཅོམ་ལྡན་འདས་ཀྱིས་བཀའ་སྩལ་པ།། རིགས་ཀྱི་བུ་བྱམས་པ་དང་།། སྙིང་རྗེ་ཆེན་པོ་དང་ལྡན་པ་ཁྱོད་སེམས་ཅན་ཐམས་ཅད་བདེ་(b5)བ་ལ་གནས་པར་བྱ་བའི་ཕྱིར་གསང་སྔགས་བཤད་པར་འདོད་ན་དུས་ལ་བབ་ཀྱིས་མྱུར་དུ་བཤད་པའི་རིགས་སོ།། ང་ཡང་རྗེས་སུ་ཐུགས་རངས་ཏེ། དེ་བཞིན་གཤེགས་པ་ཐམས་ཅད་ཀྱང་དེ་བཞིན་དུ་རྗེས་སུ་ཐུགས་རངས་སོ་ཞེས་བཀའ་སྩལ་ནས་

§ 10

（漢）觀世音菩薩重白佛言。世尊我念過去無量億劫。有佛出世。名曰千光王靜住如來。彼佛世尊憐念我故。及爲一切諸衆生故。説此廣大圓滿無礙大悲心陀羅尼。以金色手摩我頂上作如是言。善男子汝當持此心呪。普爲未來惡世一切衆生作大利樂。我於是時始住初地。一聞此呪故超第八地。我時心歡喜故即發誓言。若我當來堪能利益安樂一切衆生者。令我即時身生千手千眼具足。發是願已。應時身上千手千眼悉皆具足。十方大地六種震動。十方千佛悉放光明照觸我身。及照十方無邊世界。從是已後。復於無量佛所無量會中。重更得聞。親承受持是陀羅尼。復生歡喜踊躍無量。便得超越無數億劫微細生死。從是已來常所誦持未曾廢忘。由持此呪故。所生之處恒在佛前。蓮華化生不受胎藏之身。若有比丘比丘尼優婆塞優婆夷童男童女欲誦持者。於諸衆生起慈悲心。先當從我發如是願。

(sde dge, 690)

།སངས་རྒྱས་བཅོམ་ལྡན་འདས་ལ་བྱང་ཆུབ་སེམས་[a7]དཔའ་འཕགས་པ་སྤྱན་རས་གཟིགས་དབང་ཕྱུག་གིས་ཡང་འདི་སྐད་ཅེས་གསོལ་ཏོ། བཅོམ་(b6)ལྡན་འདས་བདག་གིས་དྲན་པ་བསྐལ་པ་དུ་མ་འདས་པར་གྱུར་པ་ན། འདིར་སངས་རྒྱས་[305b1]བཅོམ་ལྡན་འདས་འོད་ཟེར་སྟོང་གི་རྒྱལ་པོ་དག་པར་གནས་པ་ཞེས་བགྱི་བ་བྱུང་སྟེ། སངས་རྒྱས་བཅོམ་ལྡན་འདས་འགྲོ་བའི་བླ་མ་དེས་བདག་ལ་བྱམས་པས་དྲན་པར་བགྱི་བ་དང་། སེམས་[b2]ཅན་(b7)ཐམས་ཅད་ལ་ཕན་པར་བགྱི་བའི་སླད་དུ། ཐུགས་རྗེ་ཆེན་པོས་སྙིང་ལྟ་བུ་འདི་ཡོངས་སུ་རྫོགས་པ་དང་། མི་ཟློགས་པ་དང་། རྒྱས་པར་བཤད་དེ། གསེར་གྱི་ཁ་དོག་ལྟ་བུའི་ཕྱག་[b3]བདག་གི་མགོ་ལ་བཞག་ན། འདི་སྐད་ཅེས་ཀྱི་རིགས་ཀྱི་བུ་ཁྱོད་ཀྱིས་མ་འོངས་པའི་ཐིག་པ་ཅན་(68a1)གྱི་དུས་ཀྱི་སེམས་ཅན་ཐམས་ཅད་ལ་ཕན་པ་དང་། བདེ་བ་ཆེན་པོ་བྱ་བའི་ཕྱིར། སྙིང་[b4]ལྟ་བུའི་གསང་སྔགས་འདི་ཟུང་ཤིག །ཅེས་བཀའ་སྩལ་ཏོ། །བདག་ནི་དེའི་ཚེ་ཐོག་མ་ཉིད་དུས་དང་པོ་ལ་གནས་པར་གྱུར་ཏོ། །འདི་ལྟར་བདག་གིས་གསང་སྔགས་

འདི་ལན་ཅིག་ཐོས་(a2)[b5]པས་དེ་ཉིད་ན་གནས་བཞིན་དུ་ས་བརྒྱད་པ་ངེས་པར་རྟོགས་པར་གྱུར་ཏོ། །བདག་གིས་དེའི་ཚེ་སྙིང་ལ་བབ་པ་དང་། དགའ་བ་དང་། ཡིད་བདེ་བ་ཐོབ་ནས། དེ་ཉིད་དུ་བདག་གིས་སྨོན་ལམ་[b6]འདི་སྐད་བཏབ་སྟེ། འདི་ལྟར་བདག་མ་འོངས་པའི་དུས་ན། སེམས་ཅན་ཐམས་ཅད་ལ་ཕན་པ་དང་། (a3)བདེ་བ་དང་། ཞི་བར་བགྱིད་ནུས་པར་འགྱུར་ཞེ་ན། ད་ངེས་པར་བདག་གི་(N:གིས་)[b7]ལུས་ལ་ལག་པ་སྟོང་དང་། མིག་སྟོང་ཡོངས་སུ་རྫོགས་པར་གྱུར་ཅིག་ཅེས་བགྱིས་པ་དང་། སྨོན་ལམ་དེ་སྐད་བཏབ་མ་ཐག་ཏུ་དེ་ཉིད་ན་མཆིས་བཞིན་དུ། ལག་སྟོང་དང་། མིག་སྟོང་[306a1]ཡོངས་རྫོགས་པར་(a4)གྱུར་ཏོ། །ཕྱོགས་བཅུ་དག་ཏུ་ས་ཆེན་པོ་ཡང་རྣམ་པ་དྲུག་ཏུ་གཡོས་སོ། །ཕྱོགས་བཅུ་ནས་སངས་རྒྱས་བཅོམ་ལྡན་འདས་ཐམས་ཅད་ཀྱིས་[a2]འོད་ཟེར་སྟོང་སྟོང་བདག་གི་སྟེང་དུ་བཀྱེ་ནས། ཕྱོགས་བཅུའི་འཇིག་རྟེན་གྱི་ཁམས་མཐའ་ཡས་པ་སྣང་བར་གྱུར་ཏོ། །དེ་སྣན་ཆད་སངས་རྒྱས་བཅོམ་(a5)ལྡན་འདས་དུ་མའི་འཁོར་གྱི་[a3]དཀྱིལ་འཁོར་རྣམས་སུ་ཡང་དང་ཡང་དུ་རྙེད་ཅིང་ཐོས་ཏེ། དེ་དག་གི་སྤྱན་སྔར་གཟུངས་སྔགས་འདི་བཟུང་ངོ་། ཡང་དགའ་བ་དང་མགུ་བ་དུ་མ་སྐྱེས་པར་གྱུར་ཏོ། །བདག་གིས་[a4]བསྐལ་པ་དུ་མར་སྐྱེ་བ་དང་། འཆི་བ་ངེས་པར་རྟོགས་པ་ཕྲ་མོ་ཐོབ་པར་གྱུར་ཏེ། (a6)དེ་སྣན་ཅད་རྟག་ཏུ་བཛོད་ཅིང་བཟུང་སྟེ། བསྙུད་པར་མ་གྱུར་ཏོ། གཟུངས་སྔགས་འདི་གཟུང་བའི་[a5]དོན་དུ་བདག་གང་དང་གང་དུ་སྐྱེས་པར་རྟག་ཏུ་སངས་རྒྱས་བཅོམ་ལྡན་འདས་རྣམས་ཀྱི་སྤྱན་སྔར་པདྨ་ལས་རྫུས་ཏེ་སྐྱེས་ནས། མའི་མངལ་དུ་སྐྱེ་བ་གཟུང་བར་མ་གྱུར་ཏོ། །དགེ་[a6]སློང་ངམ།(a7)དགེ་སློང་མའམ། དགེ་བསྙེན་ནམ། དགེ་བསྙེན་མའམ། ཁྱེའུའམ། བུ་མོ་གང་ལ་ལ་ཞིག་བཛོད་ཅིང་འཛིན་པར་འཚལ་བ་དེས། སེམས་ཅན་ཐམས་ཅད་ལ་[a7]བྱམས་པའི་བསམ་པ་དང་། སྙིང་རྗེའི་བསམ་པའི་སེམས་བསྐྱེད་པར་བགྱིའོ། །ཐོག་མར་བདག་བཛོད་པའི་(68b1)འོག་ཏུ་སྨོན་ལམ་ཆེན་པོ་འདི་སྐད་གདབ་པར་བགྱི་སྟེ།

(peking, 368)

(b6)བྱང་ཆུབ་སེམས་དཔའ་སྤྱན་རས་གཟིགས་དབང་ཕྱུག་གིས་ཀྱང་བཅོམ་ལྡན་འདས་ལ་

འདི་སྐད་ཅེས་གསོལ་ཏོ།། བདག་སྔོན་དུ་དྲན་པ་འདས་པའི་དུས་བསྐལ་པ་འབུམ་ཕྲག་གྲངས་མ་མཆིས་པའི་ཕ་རོལ་ན་དེ་བཞིན་གཤེགས་པ་དགྲ་བཅོམ་པ་(b7)ཡང་དག་པར་རྫོགས་པའི་སངས་རྒྱས་འོད་སྟོང་འབབ་པའི་རྒྱལ་པོ་དབེན་པར་གནས་ཞེས་བགྱི་བ་འཇིག་རྟེན་དུ་གཤེགས་ཏེ། སངས་རྒྱས་བཅོམ་ལྡན་འདས་དེ་བདག་དང་སེམས་ཅན་ཐམས་ཅད་ལ་བྱམས་པ་དང་། ཐུགས་རྗེར་དགོངས་པའི་(b8)སྐད་དུ་ཤིན་ཏུ་རྒྱ་ཆེ་བ་ཐོགས་པ་མ་མཆིས་པའི་སྐད་དུ་ཐུགས་རྗེ་ཆེན་པོ་དང་ལྡན་པའི་གཟུངས་ཀྱི་སྙིང་པོ་བཤད་དེ།། ཕྱག་གསེར་གྱི་ཁ་དོག་ཅན་བདག་གི་སྤྱི་བོར་བཞག་ནས། འདི་སྐད་ཅེས་བཀའ་སྩལ་པ། རིགས་ཀྱི་བུ་ཁྱོད་གསང་སྔགས་(265a1)ཀྱི་སྙིང་པོ་འདི་གཟུངས་སུ་བཟུང་ལ། ཕྱིས་མ་འོངས་པའི་དུས་ངན་པ་ན་སེམས་ཅན་ཐམས་ཅད་ལ་ཕན་པ་དང་། བདེ་བ་ཆེན་པོར་གྱིས་ཤིག་ཅེས་བཀའ་སྩལ་བ་ནས། བདག་དེའི་ཚེ་དེའི་དུས་ན་ས་དང་པོ་ལ་གནས་པ་ལས་གཟུངས་(a2)སྔགས་འདི་ལན་ཅིག་ཐོས་པ་ཙམ་གྱིས་འཕགས་ཏེ། ས་བརྒྱད་དུ་ཕྱིན་ཏོ། དེའི་ཚེ་དེའི་དུས་ན་བདག་ཤིན་ཏུ་དགའ་བ་སྐྱེས་ནས་ཡིད་དམ་དུ་བཅས་པ། བདག་གི་དུས་སྣད་མ་ལ་སེམས་ཅན་ཐམས་ཅད་ལ་ཕན་པ་དང་བདེ་བར་འགྱུར་བ་བགྱི་བའི་མཐུ་(a3)ཞིག་སྙེད་པར་འགྱུར་ན། བདག་གི་ལུས་འདི་ལ་ལག་སྟོང་དང་ལྡན་པར་གྱུར་ཅིག་ཅེས་སྨོན་ལམ་བཏབ་མ་ཐག་ཏུ་ལུས་ལ་ལག་པ་སྟོང་དང་མིག་སྟོང་ཚང་བར་བྱུང་བར་གྱུར་ཏེ། དེ་ནས་ཕྱོགས་བཅུའི་ས་ཆེན་པོ་རྣམ་པ་དྲུག་ཏུ་གཡོས་པར་ཕྱོགས་(a4)བཅུའི་སངས་རྒྱས་སྟོང་གིས་འོད་ཟེར་བཏང་ནས། བདག་གི་ལུས་ལ་ཕྱོགས་བཅུའི་སངས་རྒྱས་སྟོང་གིས་འོད་ཟེར་བཏང་སྟེ། །བདག་གི་ལུས་དང་ཕྱོགས་བཅུའི་འཇིག་རྟེན་མཐའ་ཡས་པར་སྣང་བ་ཆེན་པོར་མཛད་དོ། དེའི་སྣན་ཅན་ཀྱང་སངས་(a5)རྒྱས་མང་པོ་དང་འཁོར་མང་པོའི་ཚོགས་གྲངས་མ་མཆིས་པའི་ནང་ནས་ཡང་འདི་སྐད་དུ་ཐོས་ཏེ། བསྙེན་བཀུར་བགྱིས་བླངས་ཏེ། །སེམས་དགའ་བ་དང་རབ་ཏུ་དགའ་བ་སྐྱེས་ཏེ། དགའ་བ་དཔག་ཏུ་མ་མཆིས་པ་ནས་ཡང་བསྐལ་པ་འབུམ་ཕྲག་(a6)གྲངས་མ་མཆིས་པའི་སྐྱེ་ཤི་ནི་ཤིན་ཏུ་ཕྲ་བ་ལས་ཐར་ཏེ་འཕགས་སོ།། དེ་སྣན་ཅན་རྟག་ཏུ་བཟླས་བརྗོད་བགྱི་སྟེ། གཟུངས་སུ་བཟུང་ནས་བསྙུད་མ་མྱོང་སྟེ། སྔགས་འདི་གཟུངས་སུ་འཛིན་པའི་སྐད་དུ་བདག་གར་བྱུང་གར་སྐྱེས་ཀྱང་རྟག་ཏུ་སངས་(a7)རྒྱས་ཀྱི་སྤྱན་སྔར་པད་མ་ལ་རྫུས་ཤིང་སྐྱེས་ཏེ།

མངལ་ཏུ་སྐྱེ་མ་སྒྲོང་ངོ་གལ་ཏེ་དགེ་སློང་ངམ། དགེ་སློང་མའམ། དགེ་བསྙེནའམ། དགེ་བསྙེན་མའམ། དེ་མ་ཡིན་པ་གང་ལ་ལ་ཞིག་གཟུངས་སྔགས་འདི་འཛིན་པར་འཚལ་ན། སེམས་ཅན་ཐམས་(a8)ཅད་ལ་བྱམས་པ་དང་། སྙིང་རྗེ་ཆེར་བསྐྱེད་དོ། ཐོག་མར་བདག་སྤྱན་རས་གཟིགས་ཀྱི་མིང་ནས་བརྗོད་ཅིང་སྨོན་ལམ་འདི་སྐད་དུ་གདབ་པར་བགྱིའོ།།

§ 11

（漢）南無大悲觀世音　願我速知一切法
南無大悲觀世音　願我早得智慧眼
南無大悲觀世音　願我速度一切衆
南無大悲觀世音　願我早得善方便
南無大悲觀世音　願我速乘般若船
南無大悲觀世音　願我早得越苦海
南無大悲觀世音　願我速得戒定道
南無大悲觀世音　願我早登涅槃山
南無大悲觀世音　願我速會無爲舍
南無大悲觀世音　願我早同法性身
我若向刀山　刀山自摧折
我若向火湯　火湯自消滅
我若向地獄　地獄自枯竭
我若向餓鬼　餓鬼自飽滿
我若向修羅　惡心自調伏
我若向畜生　自得大智慧

(sde dge, 690)

བཙུན་པ་སྤྱན་[306b1]རས་གཟིགས་དབང་ཕྱུག་སྙིང་རྗེ་ཅན་ཁྱོད་ལ་ཕྱག་འཚལ་ལོ།
།བདག་ངེས་པར་ཤེས་རབ་ཆེན་པོའི་མིང་ཐོབ་པར་གྱུར་ཅིག
།བཙུན་པ་སྤྱན་རས་གཟིགས་དབང་ཕྱུག་སྙིང་རྗེ་ཅན་ཁྱོད་ལ་ཕྱག་[b2]འཚལ་ལོ།
།བདག་ངེས་(b2)པར་སེམས་ཅན་ཡོངས་སུ་སྐྱོབ་པར་གྱུར་ཅིག
།བཙུན་པ་སྤྱན་རས་གཟིགས་དབང་ཕྱུག་སྙིང་རྗེ་ཅན་ཁྱོད་ལ་ཕྱག་འཚལ་ལོ།
།བདག་ངེས་པར་མྱུར་དུ་ཐབས་ལ་མཁས་པ་[b3]ཐོབ་པར་གྱུར་ཅིག
།བཙུན་པ་སྤྱན་རས་གཟིགས་དབང་ཕྱུག་སྙིང་རྗེ་ཅན་ཁྱོད་ལ་ཕྱག་འཚལ་ལོ།
།བདག་ངེས་(b3)པར་ཤེས་རབ་ཀྱི་གྲུར་ཞུགས་པར་གྱུར་ཅིག
།བཙུན་པ་སྤྱན་རས་གཟིགས་[b4]དབང་ཕྱུག་སྙིང་རྗེ་ཅན་ཁྱོད་ལ་ཕྱག་འཚལ་ལོ།
།བདག་ངེས་པར་མྱུར་དུ་སྡུག་བསྔལ་གྱི་རྒྱ་མཚོ་ལས་རྒལ་བར་གྱུར་ཅིག
།བཙུན་པ་སྤྱན་རས་གཟིགས་[b5]དབང་ཕྱུག་སྙིང་རྗེ་ཆེན་པོ་ཅན་ཁྱོད་ལ་ཕྱག་འཚལ་
(b4)ལོ།
།བདག་ཚུལ་ཁྲིམས་ཀྱི་ཁང་པ་དང་ལྡན་ཞིང་ལམ་མྱུར་དུ་ཐོབ་པར་གྱུར་ཅིག
།བཙུན་པ་སྤྱན་རས་གཟིགས་དབང་ཕྱུག་སྙིང་རྗེ་ཆེན་པོ་ཅན་ཁྱོད་ལ་ཕྱག་འཚལ་ལོ།
།བདག་[b6]ངེས་པར་མྱུར་དུ་མྱ་ངན་ལས་འདས་པའི་རི་ལ་འཛེག་པར་གྱུར་ཅིག
།བཙུན་པ་སྤྱན་རས་གཟིགས་(b5)དབང་ཕྱུག་སྙིང་རྗེ་ཆེན་པོ་ཅན་ཁྱོད་ལ་ཕྱག་འཚལ་ལོ།
།བདག་ངེས་པར་མྱུར་དུ་[b7]འདུས་མ་བྱས་ཀྱི་ཁྱིམ་དུ་འཇུག་པར་གྱུར་ཅིག
།བཙུན་པ་སྤྱན་རས་གཟིགས་དབང་ཕྱུག་སྙིང་རྗེ་ཅན་ཁྱོད་ལ་ཕྱག་འཚལ་ལོ།
།བདག་མྱུར་དུ་ཆོས་ཀྱི་སྐུ་དང་གཅིག་ཏུ་གྱུར་ཅིག
།གང་གི་[307a1]ཚེ་བདག་(b6)རལ་གྲིའི་རི་དེ་ལ་འགྲོ་བ་ན་རལ་གྲིའི་རི་དེ་བཤིལ་ཞིང་
ཞིག་པར་གྱུར་ཅིག
།གང་གི་ཚེ་བདག་མེ་མ་མུར་གྱི་ནང་དུ་འགྲོ་བ་ན།
མེ་མ་མུར་དེ་རང་མེད་[a2]པར་གྱུར་ཅིག
།གང་གི་ཚེ་བདག་སེམས་ཅན་དམྱལ་བའི་ལམ་དུ་འགྲོ་བ་ན།

སེམས་ཅན་དམྱལ་བ་རྣམས་རང་བཞིན་གྱིས་སྟོངས་པར་(b7)གྱུར་ཅིག
།གང་གི་ཚེ་བདག་གཤིན་རྗེའི་[a3]འཇིག་རྟེན་དུ་འགྲོ་བ་ན།
ཡི་དགས་རྣམས་རང་ཚིམ་པར་གྱུར་ཅིག
།གང་གི་ཚེ་བདག་ལྷ་མ་ཡིན་གྱི་གནས་སུ་འགྲོ་བ་ན།
དེ་དག་གི་སེམས་རང་དུལ་བར་གྱུར་ཅིག
།གང་གི་ཚེ་[a4]བདག་དུད་འགྲོ་རྣམས་སུ་འགྲོ་བ་ན།
དེ་དག་ཡེ་(69a1)ཤེས་ཆེན་པོའི་དེ་ཁོ་ན་རང་ཐོབ་པར་གྱུར་ཅིག་
ཅེས་དེ་ལྟར་སྨོན་ལམ་དེ་སྐད་བཏབ་ནས།

(peking, 368)

།ཐུགས་རྗེ་ཆེན་པོ་སྤྱན་རས་གཟིགས་ལ་ཕྱག་འཚལ་ལོ།
།བདག་གིས་ཆོས་ཉིད་ཀུན་ཏུ་མྱུར་(265b1)དུ་ཆུད་གྱུར་ཅིག
།ཐུགས་རྗེ་ཆེན་པོ་སྤྱན་རས་གཟིགས་ལ་ཕྱག་འཚལ་ལོ།
།བདག་གིས་ཤེས་རབ་སྤྱན་ནི་མྱུར་དུ་ཐོབ་གྱུར་ཅིག
།ཐུགས་རྗེ་ཆེན་པོ་སྤྱན་རས་གཟིགས་ལ་ཕྱག་འཚལ་ལོ།
།བདག་གིས་སེམས་ཅན་ཐམས་ཅད་མྱུར་དུ་(b2)སྒྲོལ་བར་གྱུར་ཅིག
།ཐུགས་རྗེ་ཆེན་པོ་སྤྱན་རས་གཟིགས་ལ་ཕྱག་འཚལ་ལོ།
།བདག་གིས་ཐབས་ལ་མཁས་པ་མྱུར་དུ་ཐོབ་པར་གྱུར་ཅིག
།ཐུགས་རྗེ་ཆེན་པོ་སྤྱན་རས་གཟིགས་ལ་ཕྱག་འཚལ་ལོ།
།བདག་ནི་ཤེས་རབ་གྲུ་ནི་མྱུར་དུ་ཞུགས་གྱུར་(b3)ཅིག
།ཐུགས་རྗེ་ཆེན་པོ་སྤྱན་རས་གཟིགས་ལ་ཕྱག་འཚལ་ལོ།
།བདག་གིས་སྡུག་བསྔལ་མཚོ་ལས་མྱུར་དུ་རྒལ་གྱུར་ཅིག
།ཐུགས་རྗེ་ཆེན་པོ་སྤྱན་རས་གཟིགས་ལ་ཕྱག་འཚལ་ལོ།
།བདག་གིས་ཚུལ་ཁྲིམས་ལམ་ལ་མྱུར་དུ་རྫོགས་གྱུར་(b4)ཅིག

།ཐུགས་རྗེ་ཆེན་པོ་སྤྱན་རས་གཟིགས་ལ་ཕྱག་འཚལ་ལོ།
།བདག་གིས་མྱ་ངན་འདས་ཀྱི་རི་ལ་མྱུར་དུ་འཛེག་གྱུར་ཅིག
།ཐུགས་རྗེ་ཆེན་པོ་སྤྱན་རས་གཟིགས་ལ་ཕྱག་འཚལ་ལོ།
།བདག་གིས་འདུས་མ་བྱས་ཀྱི་ཁང་པར་མྱུར་དུ་འདུས་འགྱུར་(b5)ཅིག
།ཐུགས་རྗེ་ཆེན་པོ་སྤྱན་རས་གཟིགས་ལ་ཕྱག་འཚལ་ལོ།
།བདག་གིས་མྱུར་དུ་ཆོས་ཉིད་སྐུ་དང་འཐུན་གྱུར་ཅིག
།གལ་ཏེ་མཚོན་གྱི་རི་ལ་ཕྱོགས་གྱུར་ན།
།མཚོན་གྱི་རི་ནི་རབ་ཏུ་ཞིག་ཅིང་རྡིལ་གྱུར་ཅིག
།གལ་ཏེ་བདག་གིས་ཆུ་ཚན་ཟངས་(b6)ལ་ཕྱོགས་གྱུར་ན།
།མེ་དང་ཆུ་ཚན་རང་དུ་ཞི་ཞིང་མེད་གྱུར་ཅིག
།གལ་ཏེ་བདག་གིས་སེམས་ཅན་དམྱལ་བར་ཕྱོགས་འགྱུར་ན།
།སེམས་ཅན་དམྱལ་བ་ཞི་ཞིང་སྡུག་བསྔལ་ཟད་གྱུར་ཅིག
།གལ་ཏེ་བདག་གིས་ཡི་དགས་བཀྲེས་ལྟོགས་ཕྱོགས་(b7)གྱུར་ན།
[།]ཡི་དགས་ལྟོགས་པ་རབ་ཏུ་འགྲངས་གྱུར་ཅིག
།གལ་ཏེ་བདག་གིས་ལྷ་མ་ཡིན་དུ་ཕྱོགས་གྱུར་ན།
[།]ལྷ་མ་ཡིན་གྱི་ངན་སེམས་ཡོངས་སུ་ཞི་གྱུར་ཅིག
།གལ་ཏེ་བདག་གིས་བྱོལ་སོང་རྒྱུད་དུ་ཕྱོགས་གྱུར་ན།
།བདག་གིས་ཤེས་རབ་ཆེན་(b8)པོའི་རང་བཞིན་ཐོབ་གྱུར་ཅིག།

§ 12

（漢）發是願已。至心稱念我之名字。亦應專念我本師阿彌陀如來。然後即當誦此陀羅尼神呪。一宿誦滿五遍。除滅身中百千萬億劫生死重罪。

(sde dge, 690)

དད་པ་ལྡན་ཞིང་སེམས་ཀྱིས་དྲན་པར་བགྱིས་[a5]ལ། བདག་གི་མིང་བརྗོད་པར་བགྱིའོ། དེ་ནས་ཡང་བདག་སློབ་དཔོན་འདི་ལྟ་སྟེ། དེ་བཞིན་གཤེགས་པ་འོད་དཔག་མེད་(a2)རྟག་ཏུ་དྲན་པར་བགྱིའོ། དེ་ནས་གསང་སྔགས་འདི་[a6]བརྗོད་པར་རིགས་སོ། །ཞུབ་གཅིག་ལ་འདི་ལན་ལྔ་བརྗོད་ན། བདག་ཉིད་ཀྱི་སྐྱེ་བ་དང་། འཆི་བ་བསགས་པའི་ལས་ལྡེ་བ་སྟོང་ཕྲག་བརྒྱ་དང་། བྱེ་བ་སྟོང་ཕྲག་བཅུ་བསགས་པ་[a7]རྣམས་སྦྱོང་བར་འགྱུར། བྱང་བར་འགྱུར་(a3)རོ།

(peking, 368)

དེ་སྐད་སྨོན་ལམ་བཏབ་པའི་འོག་ཏུ་སེམས་རྩེ་གཅིག་ཏུ་བདག་དང་བདག་གི་མཁན་པོ་དེ་བཞིན་གཤེགས་པ་ཚེ་དཔག་ཏུ་མེད་པ་ལ་མངོན་དུ་དམིགས་ཏེ། གསང་སྔགས་འདི་ཞག་ཅིག་གི་བར་བཟླས་པ་ལན་(266a1)ལྔ་ཚང་བར་བགྱིས་ན། བསྐལ་པ་བརྒྱ་སྟོང་ཁྲི་ཕྲག་འབུམ་གྱི་བར་དུ་བསགས་པའི་སྡིག་ལྡེ་བ་ཀུན་ཀྱང་འབྱུང་བར་འགྱུར་རོ།།

§ 13

（漢）觀世音菩薩復白佛言。世尊若諸人天。誦持大悲章句者。臨命終時十方諸佛皆來授手。欲生何等佛上。隨願皆得往生。

(sde dge, 690)

།ཡང་བཅོམ་ལྡན་འདས་ལ་གསོལ་པ། བཙུན་པ་བཅོམ་ལྡན་འདས་ལྷ་དང་མི་ཐམས་ཅད་སྙིང་རྗེ་ཆེན་པོའི་རང་བཞིན་གྱི་གཟུངས་[307b1]སྔགས་གཞི་འདི་ཇི་ལྟ་བ་བཞིན་དུ་བརྗོད་ཅིང་འཛིན་ན། གལ་ཏེ་དེ་དག་འགུམ་པའི་དུས་ཀྱི་ཚེ། ཕྱོགས་བཅུ་ནས་སངས་རྒྱས་བཅོམ་ལྡན་འདས་(a4)རྣམས་དེའི་སྡེང་དུ་ཕྱག་རྐྱོང་ཞིང་འདི་སྐད་[b2]ཅེས་ཁྱོད་གང་དུ་སྐྱེ་བར་འདོད། གང་དང་གང་དུ་སྨོན་ལམ་བཏབ་པ་དེར་སོང་ཤིག་ཅེས་གསུང་ངོ་།

(peking, 368)

ཡང་བཅོམ་ལྡན་འདས་ལ་འདི་སྐད་ཅེས་གསོལ་ཏོ།། བཅོམ་ལྡན་འདས་ལྷ་དང་མི་དང་གང་ལ་ལ་ཞིག་(a2)ཐུགས་རྗེ་ཆེན་པོའི་རིགས་སྔགས་འདི་འཛིན་པའམ་འཆང་བའམ། ཀློག་པའམ། གདོན་པར་གྱིས་ན། ཚེ་འཕོས་ཤིང་འགུམ་པའི་བར་ཕྱོགས་བཅུའི་སངས་རྒྱས་ཀུན་དེར་གཤེགས་ཏེ། ཕྱག་གིས་འཛིན་ཅིང་སངས་རྒྱས་ཀྱི་ཞིང་གང་ནས་(a3)གང་དུ་སྐྱེ་བར་འདོད་པ་དེ་དང་དེར་སྐྱེ་བར་འགྱུར་རོ།

§ 14

（漢）復白佛言。世尊若諸衆生。誦持大悲神呪墮三惡道者。我誓不成正覺。誦持大悲神呪者。若不生諸佛國者。我誓不成正覺。誦持大悲神呪者。若不得無量三昧辯才者。我誓不成正覺。誦持大悲神呪者。於現在生中一切所求若不果遂者。不得爲大悲心陀羅尼也。唯除不善除不至誠。若諸女人厭賤女身欲成男子身。誦持大悲陀羅尼章句。若不轉女身成男子身者。我誓不成正覺。生少疑心者必不果遂也。

(sde dge, 690)

ཡང་བཅོམ་ལྡན་འདས་ལ་འདི་སྐད་ཅེས་གསོལ་ཏོ། བཙུན་པ་བཅོམ་ལྡན་[b3]འདས་མིའམ་མི་མ་ལགས་པ་གང་ཞིག་སྙིང་རྗེ་(a5)ཆེན་པོའི་རང་བཞིན་གྱི་གསང་སྔགས་འདི་བརྗོད་ཅིང་འཛིན་ལ། དེ་གལ་ཏེ་ངན་སོང་གསུམ་དུ་ལྟུང་བར་གྱུར་ན། བདག་བླ་ན་མེད་པ་ཡང་[b4]དག་པར་རྫོགས་པའི་བྱང་ཆུབ་མངོན་པར་རྫོགས་པར་འཚང་རྒྱ་བར་མ་གྱུར་ཅིག །གང་ཞིག་གིས་གསང་སྔགས་འདི་བརྗོད་ཅིང་བཟུང་(a6)ལ། སངས་རྒྱས་བཅོམ་ལྡན་འདས་ཐམས་[b5]ཅད་ཀྱི་འཇིག་རྟེན་གྱི་ཁམས་སུ་སྐྱེ་བ་མ་ཐོབ་ན་བདག་སངས་རྒྱས་སུ་མ་གྱུར་ཅིག །ཡང་སུ་ཞིག་གིས་གསང་སྔགས་འདི་བརྗོད་ཅིང་བཟུང་ལ། དེས་

ཏིང་ངེ་འཛིན་དང་། སོ་སོ་ཡང་[b6]དག་པར་རིག་པ་དུ་མ་མ་ཐོབ་ན། བདག་སངས་རྒྱས་(a7)སུ་མ་གྱུར་ཅིག །ཡང་སུ་ཞིག་གིས་གསང་སྔགས་འདི་བརྗོད་ཅིང་བཟུང་ལ། ཚེ་གཅིག་གིས་ཡིད་ལ་བསམས་པ་ཐམས་ཅད་ཡོངས་སུ་[b7]མ་རྫོགས་ན། འདི་སྙིང་རྗེ་ཆེན་པོའི་རང་བཞིན་གྱི་སྙིང་པོ་ཞེས་བགྱི་བའི་མིང་ཐོབ་པར་མི་འགྱུར་རོ། །སུ་སྡིག་པ་བགྱིད་པ་དང་། མ་དད་(69b1)པ་ནི་མ་གཏོགས་སོ། བུད་མེད་སུ་ཞིག་བུད་མེད་ཀྱི་[308a1]ཆོས་ལ་ཡིད་བྱུང་ནས། བདག་སྐྱེས་པར་གྱུར་ཅིག་ཅེས་འཚལ་ཏེ། སྙིང་རྗེ་ཆེན་པོའི་རང་བཞིན་གྱི་གཟུངས་སྔགས་གཞི་འདི་བརྗོད་ཅིང་བཟུང་ལ། དེ་བུད་[a2]མེད་ཀྱི་ལུས་ལས་མ་གྱུར་ཅིང་། སྐྱེས་པའི་ལུས་མ་ཐོབ་ན། བདག་བྱང་(b2)ཆུབ་མངོན་པར་རྫོགས་པར་འཚང་རྒྱ་བར་མ་གྱུར་ཅིག །གལ་ཏེ་འཛིན་པར་བགྱིད་པས། དེ་ལ་ཐེ་ཚོམ་ཙུང་ཟད་ཙམ་[a3]ཞིག་བགྱིས་ན། གདོན་མི་འཚལ་བར་ཡིད་ལ་བསམས་པ་བཞིན་དུ་མི་འགྲུབ་པོ།

(peking, 368)

།བཅོམ་ལྡན་འདས་སེམས་ཅན་གང་ལ་ལ་ཞིག་ཐུགས་རྗེ་ཆེན་པོའི་གསང་སྔགས་འདི་གཟུངས་སུ་བཟུང་སྟེ། བཟླས་པ་ལས་ངན་སོང་གསུམ་དུ་ལྟུང་ན། བདག་མངོན་པར་རྫོགས་པར་འཚང་(a4)རྒྱ་བར་མ་གྱུར་ཅིག །གང་གིས་ཐུགས་རྗེ་ཆེན་པོའི་གཟུངས་སུ་འཛིན་ཅིང་། །བཟླས་བརྗོད་བགྱིས་པ་ལས་སངས་རྒྱས་ཀྱི་ཞིང་དུ་མ་སྐྱེས་ན་བདག་མངོན་པར་རྫོགས་པར་འཚང་རྒྱ་བར་མ་གྱུར་ཅིག །གང་གིས་ཐུགས་རྗེ་ཆེན་པོའི་གསང་(a5)སྔགས་འདི་གཟུངས་སུ་འཛིན་ཅིང་བཟླས་བརྗོད་བགྱིས་པ་ལས་ཏིང་ངེ་འཛིན་གྲངས་མེད་པའི་རང་རིག་པ་མ་ཐོབ་ན། །བདག་མངོན་པར་རྫོགས་པར་འཚང་རྒྱ་བར་མ་གྱུར་ཅིག །ཐུགས་རྗེ་ཆེན་པོའི་གསང་སྔགས་འདི་གདའ་ལས་གཟུངས་(a6)སུ་བཟུང་སྟེ། བཟླས་པ་བགྱིས་པ་ལས། ད་ལྟར་གྱི་ཚེ་འདི་ལ་རེ་བ་ཐམས་ཅད་མ་སྐོངས་ན་ཐུགས་རྗེ་ཆེན་པོའི་གཟུངས་སྔགས་སྔགས་ཀྱི་སྙིང་པོ་ཞེས་བགྱིར་ཡང་མི་རུང་སྟེ། །གང་དགེ་བ་མི་སྤྱོད་པ་དང་། སེམས་ཐག་པ་ནས་མི་བསྒྲུབ་པ་ནི་མ་གཏོགས་(a7)སོ། བུད་མེད་གང་ལ་ལས་བུད་མེད་ཀྱི་ལུས་ཀྱིས་སྐྱོ་སྟེ། །སྐྱེས་པའི་ལུས་སུ་སྐྱེ་བར་འཚལ་ན་ཐུགས་རྗེ་ཆེན་པོའི་གཟུངས་སྔགས་འདི་བཟླས་པ་བགྱིས་

ཏེ་གཟུངས་སུ་བཟུང་བ་ལས་བུད་མེད་ཀྱིས་ལུས་ལས་སྐྱེས་པའི་ལུས་སུ་མ་གྱུར་ན། བདག་མངོན་(a8)པར་རྫོགས་པར་འཚང་རྒྱ་བར་མ་གྱུར་ཅིག །གང་ཡིད་གཉིས་སམ་ཐེ་ཚོམ་ཆུང་ཟད་ཙམ་སྐྱེས་པས་ནི་གྲུབ་པར་མི་འགྱུར་རོ།

§ 15

（漢）若諸衆生侵損常住飲食財物。千佛出世不通懺悔。縱懺亦不除滅。今誦大悲神呪即得除滅。若侵損食用常住飲食財物。要對十方師懺謝然始除滅。今誦大悲陀羅尼時。十方師即來爲作證明。一切罪障悉皆消滅。一切十惡五逆。謗人謗法破齋破戒。破塔壞寺偸僧祇物汚淨梵行。如是等一切惡業重罪悉皆滅盡。唯除一事於呪生疑者。乃至小罪輕業亦不得滅。何況重罪。雖不即滅重罪。猶能遠作菩提之因。

(sde dge, 690)

གང་གིས་དགེ་འདུན་བཟའ་བ་དང་། ཐུག་པ་དང་། ནོར་དང་། འབྲུ་(b3)ཕྲོགས་སམ། ཆུད་[a4]གསོན་(D:གསན་)ཏེ། གང་ལ་(D:ལས་)སངས་རྒྱས་སྟོང་གིས་(D:གི་)བཤགས་སུ་གནང་བས་བཤགས་སུ་ལགས་ཀྱང་བཤགས་པར་མ་གྱུར་ལ། གལ་ཏེ་གསང་སྔགས་འདི་བཟོད་ཀྱང་། སྡིག་པ་ཐམས་ཅད་[a5]འབྱུང་བར་མ་གྱུར་ན། དེའི་སླད་དུ་དགེ་འདུན་གྱི་རྫས་ཅི་སྤྱད་པ་དང་། ཆུད་(b4)གསན་པ་དང་། ཕྲོགས་པ་དེས་(D:དང་)། ཕྱོགས་བཅུ་དག་ན། རབ་ཏུ་བྱུང་བ་ཐམས་ཅད་ཀྱི་སོ་སོའི་མདུན་དུ་མཆིས་[a6]ལ་བཤགས་ན། དེའི་ཚེ་དེར་(D:དེའི་)བཤགས་པར་འགྱུར་རོ། གལ་ཏེ་དེ་ལྟར་གསང་སྔགས་འདི་བཟོད་པར་གྱུར་ན། ཕྱོགས་བཅུ་དག་ཏུ་གཏོགས་པའི་རབ་ཏུ་བྱུང་བའི་(b5)འདུས་པ་[a7]རྣམས་དེ་ལ་དབང་ཡིན་ནོ་ཞེས་སྨྲ་ཞིང་ལས་ཐམས་ཅད་ཀྱང་བཤགས་པར་ཆུད་པར་འགྱུར་རོ། སྡིག་པ་བཅུ་པོ་ཐམས་ཅད་དང་། མཚམས་མེད་པ་ལྔ་དང་། འཕགས་[308b1]པའི་གང་ཟག་རྣམས་ལ་མི་

སྙན་པ་བརྗོད་པ་དང་། དམ་པའི་ཆོས་སྤང་བ་དང་། དུས་མ་ལགས་པར་ཟས་(b6)འཚལ་བ་དང་། བསླབ་པ་ཉམས་པ་དང་། མཆོད་རྟེན་དང་། དགེ་འདུན་གྱི་ཀུན་[b2]དགའ་ར་བ་དང་། དགེ་འདུན་གྱི་(N:གྱིས་)རྫས་ཆུད་གཟོན་པ་དང་། ཚུལ་ཁྲིམས་ཡོངས་སུ་དག་པར་གནས་པའི་སེམས་ཅན་རྣམས་ཀྱི་ཚུལ་ཁྲིམས་ཉམས་པར་བགྱིད་པ་དང་། དེ་ལ་སོགས་[b3]པའི་སྡིག་(b7)པའི་ལས་ཤིན་ཏུ་ལྕི་བ་ཐམས་ཅད་དང་། སྡིག་པ་ཐམས་ཅད་མ་ལུས་པར་བྱང་བར་འགྱུར་རོ། །གང་ཐེ་ཚོམ་འཚལ་བ་ནི་མ་གཏོགས་ཏེ། དེའི་སྡིག་པ་ཆུང་ངུ་དང་། ལས་ཡང་[b4]བ་ཡང་འབྱུང་བར་མི་འགྱུར་ན། ཤིན་ཏུ་ལྕི་བ་ལྟ་སྨོས་ཀྱང་ཅི་འཚལ། སྡིག་པའི་(N:སྡིག་པ་)ལས་ཤིན་ཏུ་ལྕི་བ་(70a1)རྣམས་བྱང་བར་མ་གྱུར་དུ་ལགས་ཀྱང་། ཡུན་རིང་མོ་ཞིག་ན། སངས་རྒྱས་ཀྱི་[b5]རྒྱུར་འགྱུར་བར་བགྱིད་ནུས་པར་འགྱུར་རོ།

(peking, 368)

།སེམས་ཅན་གང་ཞིག་དཀོན་མཆོག་གསུམ་གྱི་དཀོར་དང་ཞལ་ཟས་ལ་འབགས་ཏེ་སྤྱོད་པའི་སྡིག་པ་སངས་རྒྱས་སྟོང་(266b1)འཇིག་རྟེན་དུ་གཤེགས་པའི་ཚེ་ཡང་འགྲོལ་ཞིང་འཆགས་སུ་མི་སྟང་སྟེ། འགྲོལ་དུ་ལགས་ཀྱང་སྡིག་པ་མི་འབྱུང་བར་མི་འགྱུར་བ་རིག་སྔགས་འདི་འཆང་བའམ་བཟླས་པ་བགྱིས་ན་དེ་མ་ཐག་ཏུ་སྡིག་པ་འབྱུང་བར་འགྱུར་རོ། །དཀོན་མཆོག་གསུམ་(b2)གྱི་དཀོར་ནོར་དང་། ཞལ་ཟས་ལས་སྤྱོད་པའི་སྡིག་པ་ཕྱོགས་བཅུའི་དགེ་འདུན་ལ་འགྲོལ་ཞིང་འཆགས་ན་གདོང་བྱང་བ་ལགས་ཏེ།ད་འདིར་ཐུགས་རྗེ་ཆེན་པོའི་གཟུངས་སྔགས་བཟླས་པ་ཙམ་གྱིས་ཕྱོགས་བཅུའི་དགེ་འདུན་ཡང་དེར་ལྷུང་བ་བྱུང་ཞིང་(b3)ཚངས་པར་བགྱིས་པས་སྡིག་པ་ཐམས་ཅད་ཀྱང་མྱུར་དུ་འབྱུང་ངོ་། མི་དགེ་བཅུ་དང་། འཚམས་མེད་པ་ལྔ་དང་། གང་ཟག་ལ་བསྐུར་བ་དང་མཆོད་རྟེན་ལ་འདྲལ་བ་དང་ཚུལ་ཁྲིམས་འཆལ་བ་དང་གཙུག་ལག་ཁང་ཞིག་པ་དང་། དཀོན་མཆོག་གསུམ་(b4)གྱི་དཀོར་རྐུས་པ་དང་། ཚངས་པར་སྤྱོད་པ་ལ་སྨྲ་ངན་གྱིས་པ་ལ་སོགས་པའི་སྡིག་པ་ལྕི་བ་ལ་སོགས་པ་ཐམས་ཅད་འབྱུང་བར་འགྱུར་རོ། གང་གཟུགས(=གཟུངས་)སྔགས་འདི་ལ་ཐེ་ཚོམ་འཚལ་བ་ནི་མ་གཏོགས་སོ། དེ་སྡིག་པའི་ལས་ཆུང་བ་དང་། ཡང་པ་ལས་(b5)ཀྱང་འབྱུར་བར་མི་འགྱུར་ན། སྡིག་པ་ལྕི་བ་

ལྟ་སྨོས་ཀྱང་ཅི་འཚལ་ཏེ། སྡིག་པ་འཕྲུལ་མི་འབྱུང་དུ་ལགས་ཀྱིས་ཀྱང་ཡུན་རིང་དུ་བྱང་ཆུབ་ཀྱི་རྒྱུར་ནི་འགྱུར་རོ།

§ 16

（漢）復白佛言世尊。若諸人天誦持大悲心呪者。得十五種善生。不受十五種惡死也。其惡死者。一切不令其飢餓困苦死。二者不爲枷禁杖楚死。三者不爲怨家讐對死。四者不爲軍陣相殺死。五者不爲豺狼惡獸殘害死。六者不爲毒蛇蚖蠍所中死。七者不爲水火焚漂死。八者不爲毒藥所中死。九者不爲蠱毒害死。十者不爲狂亂失念死。十一者不爲山樹崖岸墜落死。十二者不爲惡人厭魅死。十三者不爲邪神惡鬼得便死。十四者不爲惡病纏身死。十五者不爲非分自害死。誦持大悲神呪者。不被如是十五種惡死也。

(sde dge, 690)

།ཡང་འདི་སྐད་ཅེས་གསོལ་ཏོ། །བཅོམ་ལྡན་འདས་གལ་ཏེ་མིའམ། མི་མ་ལགས་པ་ཞིག་གིས་སྙིང་རྗེ་ཆེན་པོའི་རང་བཞིན་གྱི་[b6]སྙིང་(a2)པོ་འདི་བརྗོད་པར་གྱུར་ན། དེ་སྐྱེ་བ་བཟང་པོ་རྣམ་པ་བཅོ་ལྔ་ཐོབ་པར་འགྱུར་རོ། །གཤིས་ངན་དུ་འགུམ་པ་རྣམ་པ་བཅོ་ལྔ་ནི་སྤྱོད་བར་མི་འགྱུར་ཏེ། བཅོ་ལྔ་གང་ཞེ་ན། དང་[b7]པོ་ནི་གང་ལྟོགས་པས་སྡུག་བསྔལ་ཏེ་འགུམ་པར་མི་འགྱུར་བའོ། །གཉིས་པ་ནི་གང་ཆད་པ་ངན་པས་(a3)བཅད་པའི་ཚེ་རབས་ཉམ་ཐག་པའི་གནོད་པ་དག་གིས་འགུམ་པར་(N:འགུམ་པ་)མི་འགྱུར་[309a1]བའོ། །གསུམ་པ་ནི་དགྲ་དང་། ཕོན་མཆིས་པ་དང་། ཕྱིར་བཟློག་པ་རྣམས་ཀྱི་དུག་དང་།མཚོན་གྱིས་འགུམ་པར་མི་འགྱུར་བའོ། །བཞི་པ་ནི་གང་[a2]དམག་གི་གཡུལ་འགྱེད་པར་ཞུགས་པའི་(a4)ཚེ་འགུམ་པར་མི་འགྱུར་བའོ། །ལྔ་པ་ནི་གང་སྟག་དང་། སྤྱང་ཀི་ལ་སོགས་པའི་བཅན་གཟན་མ་རུངས་པ་རྣམས་ཀྱིས་བསད་པས་[a3]འགུམ་པར་མི་འགྱུར་བའོ། །དྲུག་པ་ནི་

(N:དྲུག་པ་)གང་སྦྲུལ་གདུག་པ་དང་། རྔངས་པ་དང་། སྲོག་ཆགས་ཞུ་ཅི་ལིང་གས་ཟིན་ནས་འགུམ་པར་མི་འགྱུར་(a5)བའོ། །བདུན་པ་ནི་གང་མེ་དང་། ཆུས་[a4]འགུམ་པར་མི་འགྱུར་བའོ། །བརྒྱད་པ་ནི་གང་དུག་ཏུ་འགྱུར་རོ་འཚལ་བས། འགུམ་པར་མི་འགྱུར་བའོ། །དགུ་པ་ནི་གང་སྲོག་ཆགས་སྦུ་ཚོགས་ཀྱི་(N:ཀྱིས་)དུག་གིས་འགུམ་པར་[a5]མི་འགྱུར་རོ། །བཅུ་པ་ནི་གང་རྨོངས་པ་དང་།རྣམ་(a6)པར་གཡེངས་པ་དང་། བརྗེད་པ་དང་། ཉལ་པས་འགུམ་པར་མི་འགྱུར་བའོ། །བཅུ་གཅིག་པ་ནི་གང་(N:གངས་)རི་དང་། ཤིང་[a6] དང་། གཡངས་དང་། གད་པ་ལས་ལྷུང་བས་འགུམ་པར་མི་འགྱུར་བའོ། །བཅུ་གཉིས་པ་ནི་གང་བྱད་ཀྱིས་འགུམ་པར་མི་འགྱུར་བའོ། །བཅུ་གསུམ་(a7)པ་ནི་གང་དག་ལྷ་གཡོན་[a7] ཅན་རྣམས་དང་། འབྱུང་པོ་ སྡིག་པ་ཅན་རྣམས་ཀྱིས་གླགས་བལྟས་པས་འགུམ་པར་མི་འགྱུར་བའོ། །བཅུ་བཞི་པ་ནི་གང་གསོར་མི་རུང་བའི་ནད་རྣམས་ཀྱིས་བཏབ་ནས་[309b1]འགུམ་པར་མི་འགྱུར་བའོ། །བཅོ་ལྔ་པ་ནི་གང་བདག་ལ་བདག་གསོད་པས་འགུམ་(70b1)པར་མི་འགྱུར་བ་སྟེ། གང་སྙིང་རྗེ་ཆེན་པོའི་རང་བཞིན་ཅན་ཏེ། གང་སྙིང་རྗེ་ཆེན་པོའི་རང་བཞིན་གྱི་[b2]སྙིང་པོ་འདི་བརྗོད་ཅིང་འཛིན་པ་དེ་ལ། གཤིས་ངན་དུ་འགུམ་པ་རྣམ་པ་བཅོ་ལྔ་འབྱུང་བར་མི་འགྱུར་རོ།

(peking, 368)

།སྤྱན་རས་གཟིགས་དབང་ཕྱུག་གིས་ཀྱང་བཅོམ་ལྡན་འདས་ལ་འདི་སྐད་ཅེས་གསོལ་ཏོ།། (b6)བཅོམ་ལྡན་འདས་གལ་ཏེ་ལྷ་དང་མི་རྣམས་ཀྱིས་ཐུགས་རྗེ་ཆེན་པོ་དང་ལྡན་པའི་ཐུགས་ཀྱི་སྙིང་པོ་གཟུངས་སུ་འཛིན་ཅིང་བཟླས་བརྗོད་བགྱིས་ན་ལེགས་པའི་ཡོན་ཏན་རྣམ་པ་བཅྭ་ལྔ་འཐོབ་པ་དང་། གཤིས་ངན་ཏུ་འགུམ་པ་རྣམ་པ་བཅྭ་(b7)ལྔ་མི་མྱོང་བར་འགྱུར་རོ།། གཤིས་ངན་དུ་མི་འགུམ་པ་གང་ཞེ་ན། ལྟོགས་ཏེ། མི་འགུམ། མཚོན་ཆ་དང་ལྕགས་དབྱིག་གིས་མི་འགུམ་དགྲ་ཤ་གླན་པས་མི་འགུམ། དམག་གིས་གཡུལ་ཏུ་མི་འགུམ། སྟག་དང་སྤྱང་གི་ལ་སོགས་པའི་གཅན་(b8)ཟན་གྱིས་མི་འགུམ། སྦྲུལ་དང་སྡིག་པ་ལ་སོགས་པའི་གདུག་པ་ཅན་གྱིས་མི་འགུམ་ཆབ་ཀྱིས་མི་འགུམ་ཞུགས་ཀྱིས་མི་འཚོག །དུག་གིས་མི་འགུམ། མཁའ་

འགྲོ་མས་མི་འགུམ། སེམས་སྟོར་ཅིང་སྨྱོས་པས་མི་འགུམ། རིའམ་བྲག་གམ་ཤིང་
(267a1)ངམ་གད་ཀར་ལྷུང་སྟེ་མི་འགུམ། བྱད་སྟེམས་ཀྱིས་མི་འགུམ། ལྷ་མ་སྲིན་དང་འདྲེ་
གདོན་གྱིས་མི་འགུམ། ནད་ངན་གྱིས་མི་འགུམ། ལྟེབས་པས་མི་འགུམ་སྟེ། ཐུགས་རྗེ་ཆེན་པོ་
དང་ལྡན་པའི་གཟུགས་(=གཟུངས་)སྔགས་འཆད་བཟླས་པ་དེས་(a2)གཤེས་ངན་དུ་འགུམ་
པ་རྣམ་པ་བཅྭ་ལྔ་པོ་སྨྱོང་བར་མི་འགྱུར་རོ།

§ 17

（漢）得十五種善生者。一者所生之處常逢善王。二者常生善國。三者常值好時。四者常逢善友。五者身根常得具足。六者道心純熟。七者不犯禁戒。八者所有眷屬恩義和順。九者資具財食常得豐足。十者恒得他人恭敬扶接。十一者所有財寶無他劫奪。十二者意欲所求皆悉稱遂。十三者龍天善神恒常擁衞。十四者所生之處見佛聞法。十五者所聞正法悟甚深義。若有誦持大悲心陀羅尼者。得如是等十五種善生也。一切天人應常誦持勿生懈怠。

(sde dge, 690)

།སྐྱེ་བ་བཟང་པོ་རྣམ་པ་བཅོ་ལྔ་ཡང་ཐོབ་པར་འགྱུར་ཏེ། དང་པོ་ནི་གང་དང་གང་དུ་(b2)
[b3]སྐྱེ་བ་ཐམས་ཅད་དུ་ཆོས་དང་མཐུན་པའི་རྒྱལ་པོ་རྣམས་དང་ཕྲད་པར་འགྱུར་
བའོ། །གཉིས་པ་ནི་གང་འཕགས་པའི་ཡུལ་དུ་སྐྱེ་བ་ཐོབ་པར་འགྱུར་བའོ། །གསུམ་པ་ནི་དུས་
བཟང་པོ་དང་ཕྲད་པར་[b4]འགྱུར་བའོ། །བཞི་པ་ནི་གང་རྟག་ཏུ་དགེ་བའི་བཤེས་གཉེན་
རྣམས་དང་ཕྲད་པར་འགྱུར་བའོ། །(b3)ལྔ་པ་ནི་གང་དབང་པོ་མཐའ་དག་ཚང་བའི་ལུས་
འཐོབ་པར་འགྱུར་བའོ། །དྲུག་པ་ནི་གང་[b5]དགེ་བའི་ཕྱོགས་ལ་སེམས་ཡོངས་སུ་སྨིན་པར་
འགྱུར་བའོ། །བདུན་པ་ནི་གང་ཚུལ་ཁྲིམས་མ་ཉམས་པར་མི་འགྱུར་བའོ། །བརྒྱད་པ་ནི་གང་
གཉེན་བཤེས་རྣམས་དང་ །བྲན་གཡོག་རྣམས་[b6]ཀྱིས་(N:ཀྱི་)བྱེ་བྲག་(b4)ཤེས་ཤིང་

མཐུན་པར་འགྱུར་བའོ། །དགུ་པ་ནི་གང་ཡོ་བྱད་དང་། ནོར་དང་། ཟས་རྟག་ཏུ་རྒྱུན་མི་འཆད་པར་ཉེད་པར་འགྱུར་བའོ། །བཅུ་པ་ནི་གང་གཞན་གྱིས་གོ་འཕང་[b8]བསྟོད་པ་དང་མཆོད་པ་དང་། བཀུར་སྟི་ཉེད་པར་འགྱུར་པའོ། །བཅུ་གཅིག་པ་ནི་གང་ནོར་དང་། ཡོ་བྱད་མི་འཕྲོགས་(b5)པར་འགྱུར་པའོ། །བཅུ་གཉིས་པ་ནི་གང་བསམས་པ་སེམས་[310a1]དང་མཐུན་པར་འགྱུར་པའོ། །བཅུ་གསུམ་པ་ནི་གང་ལྷ་དང་ཀླུ་དང་། ལྷ་མ་ཡིན་རྣམས་ཀྱིས་ཀྱང་རྟག་ཏུ་སྲུང་བར་འགྱུར་པའོ། །བཅུ་བཞི་པ་ནི་གང་སངས་རྒྱས་[a2]བཅོམ་ལྡན་འདས་རྣམས་མཐོང་ཞིང་ཆོས་ཀྱང་ཐོབ་པར་འགྱུར་(b6)བའོ། །བཅོ་ལྔ་པ་ནི་གང་ཆོས་ཐོས་པ་དང་།དོན་ཟབ་མོ་ཤེས་རབ་ཀྱིས་རྟོགས་པར་འགྱུར་བ་སྟེ། གང་ལ་ལ་[a3]ཞིག་སྙིང་རྗེ་ཆེན་པོའི་རང་བཞིན་གྱི་སྙིང་པོ་འདི་བརྗོད་ཅིང་འཛིན་པ་དེས་གོང་དུ་སྨོས་པ་སྐྱེ་བ་རྣམ་པ་བཅོ་ལྔ་པོ་དེ་དག་འཐོབ་པར་འགྱུར་རོ། །དེའི་སྐད་དུ་ལྷ་དང་མི་ཐམས་ཅད་ཀྱིས་[a4]རྟག་ཏུ་བརྗོད་(b7) ཅིང་བཟུང་བར་བགྱི་སྟེ། དེ་ལ་སྒྲོ་བ་བསྐྱེད་པར་མི་བགྱིའོ།

(peking, 368)

།ལེགས་པའི་ཡོན་ཏན་བཙོ་ལྔ་གང་ཞེ་ན་གང་ནས་གང་དུ་སྐྱེ་བའི་སར་ཆོས་བཞིན་དུ་བགྱིད་པའི་རྒྱལ་པོ་དང་ཕྲད་པ་དང་། རྟག་པར་དགེ་བའི་ཡུལ་དུ་སྐྱེ་བ་དང་། རྟག་པར་དུས་བཟང་(a3)པོ་དང་ཕྲད་པ་དང་། རྟག་པར་དགེ་བའི་གྲོགས་པོ་དང་ཕྲད་པ་དང་། དབང་དང་ཡན་ལག་ཚང་བ་དང་། སྤྱོད་ལམ་ཞི་དུལ་ཅན་དུ་འགྱུར་བ་དང་། ཚུལ་ཁྲིམས་མི་ཉམས་པ་དང་། གཉེན་བཤེས་དང་འཁོར་ལྡན་ཞིང་འདུམ་འཕྲོད་པ་དང་། འཚོག་ཆས་དང་ནོར་(a4)ཟས་ཡོད་པ་གཞན་གྱིས་མི་འཕྲོག་པ་དང་། རྟག་པར་གཞན་གྱིས་བཀུར་སྟི་དང་ཕུ་དུད་བགྱི་བ་དང་། འཚོག་ཆས་དང་ནོར་ཟས་ལ་སོགས་པ་ཕུན་སུམ་ཚོགས་པ་དང་། ཡིད་ལ་འདོད་ཅིང་འཚལ་ལོ་ཅོག་མྱུར་དུ་འགྲུབ་པ་དང་། ལྷ་དང་ཀླུ་ཀུན་གྱིས་རྟག་(a5)ཏུ་མགོན་སྐྱབས་བགྱིད་པར་འགྱུར་པ་དང་། གར་བྱུང་གར་སྐྱེས་ཀྱང་སངས་རྒྱས་ཀྱི་དྲུང་དུ་སྐྱེ་ཞིང་དམ་པའི་ཆོས་ཐོས་ནས་དོན་བཟང་པོ་ལ་རྟོག་པ་དང་། ཐུགས་རྗེ་ཆེན་པོ་དང་ལྡན་པའི་གཟུངས་སྔགས་འཆང་བ་དང་། བཟླས་(a6)པ་དས་(=དེས་) ལེགས་པའི་ཡོན་ཏན་རྣམ་པ་

བཅུ་ལྔ་པོ་འདི་དག་དང་ལྡན་པར་འགྱུར་རོ། །ལྷ་དང་མི་རྣམས་ཀྱིས་རིག་སྔགས་འདི་རྟག་ཏུ་རྒྱུན་མི་འཆད་པར་འཆང་བ་དང་བཟླས་བརྗོད་དུ་བགྱི་བའི་རིགས་ཏེ། །དེ་ལ་ལེ་ལོ་བ་གྱི་བའི་མི་རིགས་སོ།

§ 18

（漢）觀世音菩薩説是語已。於衆會前合掌正住。於諸衆生起大悲心開顔含笑。即説如是廣大圓滿無礙大悲心大陀羅尼神妙章句陀羅尼曰

(sde dge, 690)

དེ་ནས་བྱང་ཆུབ་སེམས་དཔའ་འཕགས་པ་སྤྱན་རས་གཟིགས་དབང་ཕྱུག་གིས་ཚིག་དེ་སྐད་སྨྲས་ནས། དེའི་[a5]རྗེས་ལ་འཁོར་མང་པོའི་དབུས་དེ་ཉིད་དུ་འདུག་སྟེ། ལག་པ་གཉིས་མཉམ་པར་ཐལ་མོ་སྦྱར་ནས། སེམས་ཅན་(71a1)ཐམས་ཅད་ལ་སྙིང་རྗེ་ཆེན་པོའི་སེམས་བསྐྱེད་དེ། འཛུམ་པའི་བཞིན་[a6]རྒྱས་པར་བྱས་ནས། རྒྱས་པ་ཆེན་པོ་ཀུན་ནས་ཡོངས་སུ་རྫོགས་པ་ཐོགས་པ་མེད་པ་སྙིང་རྗེ་ཆེན་པོའི་རང་བཞིན་གྱི་སྙིང་པོ་གཟུངས་སྔགས་ཆེན་པོ་གཞི་མཛེས་པ་འདི་སྨྲས་སོ།།

(peking, 368)

།བྱང་ཆུབ་སེམས་(a7)དཔའ་འཕགས་པ་སྤྱན་རས་གཟིགས་དབང་ཕྱུག་གིས་ཚིག་དེ་སྐད་ཅེས་གསོལ་ནས། འཁོར་འདུས་པ་མང་པོའི་དབུས་སུ་ཐལ་མོ་སྦྱར་ཅིང་ལུས་དྲང་པོར་སྲང་ནས་སེམས་ཅན་ཐམས་ཅད་ཀྱི་ཕྱིར་སྙིང་རྗེ་ཆེར་བསྐྱེད་དེ། །མདངས་ཕྱེ་ཞིང་འཛུམ་(a8)དགུལ་ནས་རྒྱ་ཆེར་ཡོངས་སུ་རྫོགས་པ་ཐོགས་པ་མེད་པར་ཐུགས་རྗེ་ཆེན་པོ་དང་ལྡན་པའི་གཟུངས་སྔགས་ཀྱི་སྙིང་པོ་དམ་པ་འདི་བརྗོད་དོ།

§ 19

（漢）南無喝囉怛那哆囉夜哪一
南無阿唎哪二
婆盧羯帝爍鉢囉哪三
菩提薩跢婆哪四
摩訶薩跢婆哪五
摩訶迦盧尼迦哪六
唵上聲七薩皤囉罰曳八
數怛那怛寫九
南無悉吉利埵伊蒙阿唎哪十
婆盧吉帝室佛囉楞馱婆十一
南無那囉謹墀十二
醯唎摩訶皤哆沙咩羊鳴音十三
薩婆阿他豆輸朋十四
阿逝孕十五
薩婆薩哆那摩婆伽十六
摩罰特豆十七
怛姪他十八
唵阿婆盧醯十九
盧迦帝二十
迦羅帝二十一
夷醯唎二十二
摩訶菩提薩埵二十三
薩婆薩婆二十四
摩羅摩羅二十五

摩醯摩醯唎馱孕二十六

俱盧俱盧羯懞二十七

度盧度盧罰闍耶帝二十八

摩訶罰闍耶帝二十九

陀羅陀羅三

地利尼三十一

室佛囉耶三十二

遮羅遮羅三十三

摩摩罰摩囉三十四

穆帝囇三十五

伊醯移醯三十六

室那室那三十七

阿囉嘇佛囉舍利三十八

罰沙罰嘇三十九

佛羅舍耶四十

呼嚧呼嚧摩囉四十一

呼嚧呼嚧醯利四十二

娑囉娑囉四十三

悉利悉利四十四

蘇嚧蘇嚧四十五

菩提夜菩提夜四十六

菩馱夜菩馱夜四十七

彌帝利夜四十八

那囉謹墀四十九

地唎瑟尼那五十

波夜摩那五十一

娑婆訶五十二

悉陀夜五十三

娑婆訶五十四

摩訶悉陀夜五十五

娑婆訶五十六

悉陀喻藝五十七

室皤囉耶五十八

娑婆訶五十九

那囉謹墀六十

娑婆訶六十一

摩囉那囉六十二

娑婆訶六十三

悉囉僧阿穆佉耶六十四

娑婆訶六十五

娑婆摩訶阿悉陀夜六十六

娑婆訶六十七

者吉囉阿悉陀夜六十八

娑婆訶六十九

波陀摩羯悉哆夜七十

娑婆訶七十一

那囉謹墀皤伽囉哪七十二

娑婆訶七十三

摩婆利勝羯囉夜七十四

娑婆訶七十五

南無喝囉怛那哆囉夜耶七十六

南無阿唎㖿七十七

婆嚧吉帝七十八

爍皤囉夜七十九

娑婆訶八十

唵悉殿都曼哆囉鉢默耶八十一

娑婆訶八十二

(sde dge, 690)

ན་མོ་[a7]ར་ཏྣ་ཏྲ་ཡཱ་ཡ། ན་མ་(a2)ཨཱ་རྱ་ཨ་བ་ལོ་ཀི་ཏེ་ཤྭ་རཱ་ཡ། བོ་དྷི་ས་ཏྭཱ་ཡ། མ་ཧཱ་ས་ཏྭཱ་ཡ། མ་ཧཱ་ཀཱ་རུ་ཎི་ཀཱ་ཡ། ཏ་དྱ་ཐཱ། ཨོཾ་ས་ཪྦ་བནྡྷ་ན་ཚྪེ་ད་ན་ཀ་རཱ་ཡ། ས་ཪྦ་པཱ་པ་ས་མུ་དྲ་ཚྪོ་(N:ཚྪ་)[310b1]ཥ་ཎ་ཀ་རཱ་ཡ། ས་ཪྦ་བྱཱ་དྷི་པྲ་ཤ་མ་ན་ཀ་རཱ་ཡ། ས་ཪྦ་ཨི་ཏྱུ་པ་དྲ་བ་བི་ནཱ་ཤ་ན་ཀ་རཱ་ཡ། ས་ཪྦ་བྷ་ཡེ་ཥུ་ཏྲཱ་ར་ཎ་ཀ་རཱ་ཡ། ཏ་སྨཻ་ན་མ་སྐྲྀ་ཏྭཱ། ཨི་དཾ་(a3)ཨཱ་རྱ་ཨ་བ་ལོ་ཀི་ཏེ་ཤྭ་ར། ཏ་བ་ནཱི་ལ་ཀ་ཎྛ་[b2]ནཱ་(N:ན་)མ་པ་ར་མ་ཧྲི་ད་ཡ་མཱ་བ་རྟ་ཡི་ཥྱཱ་མི། ས་ཪྦ་ཨ་རྠ་སཱ་དྷ་ནཾ། ཤུ་བྷཾ་ཙེ་ཏ་ནཾ། ས་ཪྦ་བྷཱུ་ཏཱ་ནཱཾ་(N:ས་ཪྦ་ས་ཏྭཱ་ནཱཾ་)བྷཱ་བ་མཱ་རྒ་བི་ཤོ་དྷ་ཀཾ(N:ན)། ཏ་དྱ་ཐཱ། ཨཱ་ལོ་ཀེ(N:ཨ་བ་ལོ་ཀི)། ལོ་ཀ་མ་ཏི། ལོ་ཀཱ་ཏི་ཀྲཱ་ནྟ(N:ལོ་ཀ་ག་ཏི)། ཨེ་ཧྱེ་ཧི་མ་ཧཱ་བོ་དྷི་ས་ཏྭ། ཧེ་བོ་དྷི་ས་ཏྭ།[b3]ཧེ་མ་ཧཱ་བོ་དྷི་ས་ཏྭ། ཧེ་པྲི་ཡ་བོ་དྷི་(a4)ས་ཏྭ། ཧེ་མ་ཧཱ་ཀཱ་རུ་ཎི་ཀ། སྨ་ར་ཧྲི་ད་ཡཾ། ཨེ་ཧྱེ་ཧི། ཨཱ་རྱཱ་བ་ལོ་ཀི་ཏེ་ཤྭ་རཱ་(N:ར་)ཡ། པ་ར་མ་མཻ་ཏྲི་ཙི་ཏྟ་ཀཱ་རུ་ཎི་ཀ །ཀུ་རུ་ཀུ་རུ་ཀརྨ། སཱ་དྷ་ཡ་སཱ་དྷ་ཡ་[b4]བི་དྱཱཾ། དེ་ཧི་དེ་ཧི། མེ་ཨ་རཾ་ག་མཾ་ག་མཾ་བི་ཧཾ་ག་མ། སིདྡྷ་ཡོ་གཱི་ཤྭ་ར། དྷུ་རུ་དྷུ་རུ་མ་ཧཱ་བཱི་རྱ་ཛྙེ། ཛྭ་ར་ཛྭ་ར་ཛྭཱ་ར་ཙེ་(D:ཛྭཱ་རེ་ཛྭེ་)ཤྭ་ར་ཛ་ལ་ཛ་(a5)ལ་བི་མ་ལ་མཱུ་རྟེ། ཨཱ་རྱ་ཨ་བ་ལོ་ཀི་ཏེ་ཤྭ་ར། ཀྲི་ཥྞ་ཛི་ན་[b5]ཛ་ཊཱ་མུ་ཀུ་ཊ། ཨ་ལཾ་ཀྲི་ཏ། ཤ་རཱི་ར་ལ་མྦ་པྲ་ལ་མྦ་བི་ལ་མྦ། མ་ཧཱ་སིདྡྷ་བི་དྱཱ་(N:ཤུདྡྷ་)དྷ་ར། བ་ལ་བ་ལ། མ་

ཧཱ་བ་ལ། མ་ལ་མ་ལ་མ་ཧཱ་མ་ལ། ཛ་ལ་ཛ་ལ་མ་ཧཱ་ཛ་ལ། ཀྲྀ་ཥྞ་པ་ཀྵ།[b6]ཀྲྀ་ཥྞ་བ་ཏ། ཀྲྀ་ཥྞ་པྲ་(N:པ་)ཤ། ནི་ཀྲྀ་ཏ་ན།(a6)ཏེ་པ་དྨ་ཧ་སྟ། ཛ་ཡ་ཀ་ར(N:རྣ)། ནི་ཤྣ་ཙ་རེ་ཤ་ར། ཀྲྀ་ཥྞ་ས་ཐ(=ས་ཐ་)ཀྲྀ་ཏ་ཡ་ཛྙོ་པ་བཱི་ཏ། ཨེ་ཧྱེ་ཧི་མ་ཧཱ་བཱི་ར། མ་ཧཱ་བ་ར་མ་ཧཱ་བཱ་རྣ་ཏ་སུ་ཁ། ཏྲི་ཕུ་ར་[b7]ད་ཧ་ནེ་ཤྭ་ར། ནཱ་རཱ་ཡ་ཎ་རཱུ(N:རུ)པ། བ་ལ་བེ་ག་དྷཱ་རི། ཧེ་ནཱི་ལ་ཀ་ཎྛ། ཨེ་ཧྱེ་ཧི། མ་ཧཱ་ཧ་ལ་ཧ་ལ། བི་ཥ་ནི་རྫི་ཏ་ལོ་ཀ་སྱ་རཱ་ག་བི་ཥ་ནཱ་(N:ན་)ཤ་(a7)ན། དྭེ་ཥ་བི་ཥ་བི་ནཱ་ཤ་ན། མོ་ཧ་བི་ཥ་བི་[311a1]ནཱ་ཤ་ན། ནེར་མོ་ཀྵ་ཎ་ཧུ་ལུ་ཧུ་ལུ། མུ་ཀྟུ་མུ་ཀྟུ། མུ་ཧུ་མུ་ཧུ། ཧ་ལྤ་ཧ་ར། མཧཱ་པ་དྨ་ནཱ་བྷི། ར་ས་ར་ས། སི་རི་སི་རི། སུ་རུ་སུ་རུ། བུ་དྡྷ་བུ་དྡྷ། བོ་[a2]དྷ་ཡ་བོ་དྷ་ཡ། བོ་དྷ་ཡཱ་མི། ཧ་བ་ནཱི་(N:ནི་)ལ་ཀ་ཎྛ། ཨེ་ཧྱེ་ཧི། བཱ་མ་སྠི་ཏ། མ་ཧཱ་(71b1)སིང་ཧ་མུ་ཁ། ཧ་ས་ཧ་ས། མུ་ཉྩ་མུ་ཉྩ། མ་ཧཱ་ཊྚ་ཊྚ་ནི་ཧྲཱ་(N:ཧྲ་)དེ་ན། ཨེ་ཧྱེ་ཧི་ཕྲོ་ཕྲོ་མ་ཧཱ་སིད་དྷ་ཡོ་གི་ཤྭ་[a3]ར། བ་ཀྵྨ་བ་ཀྵྨ། བཱ་(N:བ་)ཙ་ན་སཱ་དྷ་ཡ། སཱ་དྷ་ཡ། བི་དྱཱ། སྨ་ར་སྨ་ར་སྨཾ། ཧེ་བྷ་ག་བཱན། ལོ་ཀི་བི་ལོ་ཀི་སྨཾ། ཏ་ཐཱ་ག་ཏ(N:ཏཱ)། དེ་ཧི་དེ་ཧི་མེ་དར་ཤ་ནཾ། ཀཱ་མ་སྱ་དར་ཤ་ནཾ། པྲ་[a4]ཧླ་ད་ཡ་(b2)མེ་སྭཱ་ཧཱ། སིད་དྷཱ་ཡ་སྭཱ་ཧཱ། མ་ཧཱ་སིད་དྷཱ་(N:དྷ་)ཡ་སྭཱ་ཧཱ། སིད་དྷ་ཡོ་གེ་(N:གི་)ཤྭ་རཱ་ཡ་སྭཱ་ཧཱ། ནཱི་(N:ནི་)ལ་ཀ་ཎྛ་(N:ཎྛཱ་)ཡ་སྭཱ་ཧཱ། བཱ་རཱ་ཧ་མུ་ཁཱ་ཡ་སྭཱ་ཧཱ། སིཾ་ཧ་མུ་ཁཱ་ཡ་སྭཱ་ཧཱ། མ་ཧཱ་ན་ར་སིཾ་ཧ་མུ་[a5]ཁཱ་ཡ་སྭཱ་ཧཱ། བཛྲ་ཧ་སྟཱ་(N:སྟ་)ཡ་སྭཱ་ཧཱ། མ་ཧཱ་བཛྲ་ཧ་སྟཱ་ཡ་སྭཱ་ཧཱ། སིད་དྷ་བི་དྱཱ་(N:དྱ་)དྷ་རཱ་ཡ་སྭཱ་ཧཱ། མ་ཧཱ་སིད་དྷ་བི་དྱཱ་(b3)དྷ་རཱ་ཡ་སྭཱ་ཧཱ། པ་དྨ་ཧ་སྟཱ་ཡ་སྭཱ་ཧཱ། མ་ཧཱ་པ་དྨ་ཧ་སྟཱ་ཡ་སྭཱ་ཧཱ། ཀྲྀ་ཥྞ་[a6]ས་ཐ་ཀྲྀ་ཏ་ཡ་ཛྙོ་པ་བཱི་ཏཱ་ཡ(N:ཡཱ་)སྭཱ་ཧཱ། མ་ཧཱ་ཛ་ལ་མ་ཀུ་ཊ་དྷ་ར(N:ར་)ཡ་སྭཱ་ཧཱ། ཙ་ཀྲཱ་ཡུ་དྷ་དྷ་རཱ་ཡ་སྭཱ་ཧཱ། ཤ་ངྑ་ཤ་བྡ་ནི་རྦ་ད་ན་ཀ་ར་ཡ་སྭཱ་ཧཱ། བ་ཛ་ན་ཀ་ར་ཡ་སྭཱ་ཧཱ། བཱ་མ་སྠི་[a7]ཏ་སྐནྡ་དེ་ཤ་ཀྲྀ་ཥྞ་ཛི་ན(N:ན་)ཡ་སྭཱ་ཧཱ། (b4)བཱ་མ་ཧ་(N:ཧཱ་)སྟ་བྱཱ་གྷྲ་ཙ་རྨ་ནི་བཱ་ས་ནཱ་ཡ་སྭཱ་ཧཱ། ལོ་ཀེ་ཤྭ་རཱ་ཡ་སྭཱ་ཧཱ། མ་ཧཱ་ལོ་ཀེ་ཤྭ་རཱ་ཡ་སྭཱ་ཧཱ། ས་ཐ་སི་དྡྷེ་ཤྭ་རཱ་ཡ་སྭཱ་ཧཱ། ར་ཀྵ་ར་ཀྵ་སྨཾ་(N:སཾ་)སྭཱ་ཧཱ།[311b1]ཀུ་རུ་ར་ཀྵ་སྨཾ(N:སྨཾ་)ཧྲེ་ནྃ་སྭཱ་ཧཱ། ན་མོ་བྷ་ག་བ་ཏེ། ན་མ་ཨཱ་རྱ་ཨ་བ་ལོ་ཀི་ཏེ་ཤྭ་རཱ་ཡ་བོ་དྷི་ས་ཏྭཱ་ཡ། མ་ཧཱ་ས་ཏྭཱ་ཡ། མ་ཧཱ་ཀཱ་རུ་ཎི་ཀཱ་ཡ་སིད་(b5)དྷྱནྟུ་མེ། མ་ནྟྲ་པ་དཱ་ནི་སྭཱ་ཧཱ། ཨོཾ་སིདྡྷེ(N:སིདྡྷེཿ)ཏྲཻ་ལོ་ཀྱ་[b2]བི་ཛ་ཡ། ཨ་མོ་གྷ་པཱ་ཤ། ཨ་པྲ་ཏི་ཧ་ཏེ་སིདྡྷེཿཧ་ཧྲཱུཾ་ཕཊ་སྭཱ་ཧཱ།

(peking, 368)

།ན་མོ་རད་ན་ཏྲ་ཡཱ་ཡ། ན་མོ་ཨཱ་ཪྻ་བ་ལོ་ཀི་ཏེ་ཤྭ་ར་ཡ། བོ་དྷི་ས་ཏྭ་ཡ།མ་ཧཱ་ས་ཏྭ་ཡ།། མ་ཧཱ་
ཀཱ་རུ་ཎི་ཀ་ཡཱ།(267b1)ས་ཪ་ཛྷ་ས་བ་ཙྪེད་ཏོ། ཚེ་ཤ་ན་ཀ་ར་ཡ་ས་ཪ་བྷུ་དྷི་ཕྲ་ཤ་མ་ན་ཀ་ར་
ཡ། ས་ཪྦེ་ཏྲུ་པ་ཏྲ་བ། བི་ན་ཤ་ན་ཀ་ར་ཡ། ཏ་ས་ན་མ་སྐྲི་ད་ཏྲ། ཨི་མམ་ཨཱ་ཪྻ་བ་ལོ་ཀི་ཤྭ་ཏེ་
(*sic*)ར་ཡ། དེ་བ་ནི་ལ་ཀནྟ་ཏེ་ན་མ་ཧྲི་ད་ཡ། མ་བར་ཏ་ཡི་ཤྲུ་ཥྱ། ས་ཪྠ་ཨ་རྠེ་ཡི་ཏ་ས་ད་
ནན། ཤུ་བན་(b2)ཨ་ཛེ་ཡན། ས་ཪ་བྷུ་ཏ་ནན། བ་ཧྣ་(=ཧྣ་བ་)མ་ཀ་བི་ཤོ་དྷ་ཀན། ཏ་དྱ་
ཐཱ།ཨ་ལོ་ཀེ་ལོ་ཀ།། མ་ཏི་ལོ་ཀ།། ཨ་ཏི་ཀྲན་ཏ། ཨཏི་ཀྲན་ཏྲ་ཧེ་ཧྲུ་ཧ་རེ་བ་ཧ་བོ་དྷི་ས་ཏྭ་ཧེ་བོ་
དྷི་ས་ཏྭ། ཧེ་པྲི་ཡ་བོ་དྷི་ས་ཏྭ། ཧེ་ཀ་རུ་ཎི་ཀ་སྨ་ར་ཧྲི་ད་ཡན། ཧེ་ཧེ་ཧ་རེ། ཨཱ་ཪྻ་བ་ལོ་ཀི་ཏེ་ཤྭ་
ར།(b3)པ་ར་མ་མེ་ཏྲ། ཙཻ་ཏི་ཏ་ན་ཀ་རུ་ཎི་ཀ །ཀུ་རུ་ཀུ་རུ། ཀརྨ་སྒྲུ་དྷ་ཡ། བེན་དན་དེ་ཧེ་དེ་
ནི(=ཧེ་)། ཀ་མང་ག་མ་བི་ཏང་ག་མ། སི་ཧྨ་ཡོ་གི་ཤྭ་ར། དྷུ་རུ་དྷུ་རུ། བི་ཡན་ཏེ། མ་ཧཱ་བི་ཡན་
ཏེ། དྷ་ར་དྷ་ར། ད་རེ་ན་ཏྲེ་ཤྭ་ར། ཙ་ལ་བི་མ་ལ་མུ་རྟེ། ཨཱ་ཪྻ་ཨ་ལོ་ཀི།། ཏེ་ཤྭ་ར་ཛི་ན་(b4)ཀྲི་
ཥྞ། ཛ་ཊ་མ་ཀུ་ཊ། ལམ་པ་པྲ་ལམ་པ། བི་ལམ་པ། མ་ཧཱ་བི་ལམ་པ། མ་ཧཱ་སིད་དྷ་བིད་དྷ་ར།
བ་ལ་བ་ལ། མ་ཧཱ་བལ། མ་ལ་མ་ལ། མ་ཧཱ་མ་ལ། ཙ་ལ་ཙ་ལ་མ་ཧཱ་ཙ་ལ། ཀི་ན་བ་ཀ་ཤ། ཀྲི་ཥ་
བ་རྞ། ཀྲི་ཥྞ་བ་ཀྵ་ན་ཀེ་ད་ན། ཧེ་པད་མ་ཧ་སྟ། ཙ་ལ་ཙ་ལ།(b5)ནི་ཤ་ཙ་རི། ཤྭ་རི་ཀྲི་ཥྞ་ས་ར་
བ་ཀྲིད་ཏེ།། ཡ་ཛྙོ་བ་བི་ཏ། ཨེ་ཧྱེ་ཧེ་བ་ར་ཧ་མུ་ཀ།། ཏྲི་བུ་ར། ད་ཧ་ན་ཤྭ་ར་ན་ར་ཡ་ན་བ་ལ་
རྦུ་པ། བེ་ཤ་དྷ་རི། ཧེ་ནི་ལ་ཀན་ཏ་ཧེ་མ་ཧཱ། ཧ་ལ་ཧ་ལ། བི་ཤ་ནིར་ཛ་ཏེ། ལོ་ཀ་སྱ་རག་པ་ཤ་
ན། ཤ་ན་ཤ་ནན། དེ་ཤ་ནི་ཤ་ནན། མོ་ཧཱ་(b6)བི་ཤ་ནན། ན་རི་མོ་ཀྵ་ན། ཧུ་ལུ་ཧུ་ལུ། མ་ཧུ་ལ།
ཧ་ལ་ཧ་རེ་མ་ཧཱ་པད་མ་བ་ན་ས་ར་ས་ར། སི་རི་སི་རི་སུ་རུ་སུ་རུ། རྦུ་དྷ་རྦུ་དྷ། བོ་དྷ་ཡ་བོ་དྷ་
ཡ། བོ་དྷ་ཡ་མི་ཏེ། ནི་ལ་ཀན་ཏ། ཨེ་ཧྱེ་ཧི། བ་མ་སྠི་ཏ་སིང་ཧ་མུ་ཀ །ཧ་ས་ཧ་ས། མུན་ཙ་མུན་
ཙ། མ་ཧཱ་ཏ་ཏ། ཧ་ས་(b7)ཨེ་ཧྱེ་ཧེ། བོ་མ་ཧཱ། སིད་དྷ་ཡོ་གི་ཤ་ར། བ་ན་བ་ན། བ་ཙ་ན་ས་དྷ་
ཡ་ས་དྷ་ཡ་བ་དན། སྨ་ར་སྨ་ར། ཏན་ཧྣ་ག་ཝན་ཏམ། ལོ་ཀ་བི་ལོ་ཀ་ཏན། ཏ་ཐཱ་ག་ཏན། དད་
ཧེ་མེ། ད་རི་ཤན་པ། ཀ་མ་སྱ། ད་ནི་ཤ་ར། བྲ་ལ་ཧྭ་ཡ་མན་སྭཱ་ཧཱ། སིད་དྷ་སྭཱ་ཧཱ། མ་ཧཱ་
(b8)སིད་དྷ་ཡ་སྭཱ་ཧཱ། སིད་དྷ་ཡོ་གི་ཤྭ་ར་སྭཱ་ཧཱ། ནི་ལ་ཀན་ཏ་ཡ་སྭཱ་ཧཱ། བ་ར་ཧ་མུ་ཁ་ཡ་སྭཱ་ཧཱ།
མ་ཧཱ་ན་ར་སིང་ཧ་མུ་ཁ་ཡ་སྭཱ་ཧཱ། སིད་དྷ་བིད་དྷ་ར་ཡ་སྭཱ་ཧཱ། པད་མ་ཧ་སྟ་ཡ་སྭཱ་ཧཱ། ཀི་ན་

ཥྞ་སར་པ་ཡ་ཛྙོ་བ་བི་ཏ་ཡ་སྭཱ་ཧཱ། མ་ཧཱ་ལ་ཀུ་ཏ་ད་ར་ཡ་སྭཱ་ཧཱ།། (268a1)ཙ་ཀྲཱ་ཡུ་དྷ་ཡ་སྭཱ་ཧཱ།། ཤང་ཀ་ཤ་བྡ་ར་ནི་བོདྷ་ཡ་སྭཱ་ཧཱ།། པི་མ་སྐན་ད་ད་ཤ་སྟད་ཏེ། ཀྲི་ཥྞ་ཛི་ན་ཡ་སྭཱ་ཧཱ། བ་མ་ཧཱ་བྱཱ་སྭཱ་ཧཱ། ཀྲ་ཙ་ར་མ་ནི་བ་སི་ནི་ཡེ་སྭཱ་ཧཱ། ཀ་ལོ་ཀེ་ཤྭ་ར་ཡ་སྭཱ་ཧཱ། ས་ཏ་སིད་དྷ་ཤྭ་ཏ་སྭཱ་ཧཱ། ར་ཏྣ་ར་ཏྣ་མ་ར་ན། བདག་སྲུང་དུ་གསོལ་(a2)བསྲུང་དུ་གསོལ་ན་མོ་ཧྲ་ག་ཕ་ཏེ། ཨཱ་རྱ་བ་ལོ་ཀི་ཏེ་ཤྭ་ར་ཡ། བོ་དྷི་ས་ཏྭ་ཡ། མ་ཧཱ་ས་ཏྭ་ཡ། མ་ཧཱ་ཀ་རུ་ཎི་ཀ་ཡ། སིད་དྷྱན་ཏུ་མན་ཏྲ་པ་ཏེ་སྭཱ་ཧཱ།། ཨོཾ་སིདྡྷེ་ཏི་ལོ་ཀྱ་བི་ཛ་ཡཱ། ཨ་མོ་གྷ་པཱ་ཤ་ཨ་པྲ་ཏི་ཧ་ཏ་ཧེ་ཏ་ཧཱུཾ་ཕཊ་སྭཱ་ཧཱ།།

§ 20

（漢）觀世音菩薩説此呪已。大地六變震動。天雨寶華繽紛而下。十方諸佛悉皆歡喜。天魔外道恐怖毛竪。一切衆會皆獲果證。或得須陀洹果。或得斯陀含果。或得阿那含果。或得阿羅漢果者。或得一地二地三地四地五地。乃至十地者。無量衆生發菩提心。

(sde dge, 690)

དེ་ནས་བྱང་ཆུབ་སེམས་དཔའ་འཕགས་པ་སྤྱན་རས་གཟིགས་དབང་ཕྱུག་གིས་སྙིང་པོ་འདི་བརྗོད་ནས་ས་ཆེན་[b3]པོ་ནི་རྣམ་པ་དྲུག་ཏུ་གཡོས་སོ། །རབ་ཏུ་གཡོས་སོ། །འཁྲུལ་(b6)ལོ། །ཁྲུར་ཁྲུར་རོ། །བར་སྣང་ལས་རིན་པོ་ཆེ་དང་འདྲེས་པའི་མེ་ཏོག་གི་ཆར་མངོན་པར་བབ་བོ། །ཕྱོགས་བཅུའི་སངས་རྒྱས་[b4]བཅོམ་ལྡན་འདས་ཐམས་ཅད་རྗེས་སུ་ཐུགས་རང་ངོ་། །བདུད་དང་གཞན་མུ་སྟེགས་ཐམས་ཅད་སྐྲངས་སྐྲག་སྟེ། སྤུ་ཟིང་ཞེས་བྱེད་པར་གྱུར་ཏོ། །འཁོར་དེ་ཐམས་ཅད་(b7)ནི་སོ་སོར་[b5]འབྲས་བུ་ཐོབ་སྟེ། རྒྱུན་དུ་ཞུགས་པའི་འབྲས་བུ་དང་། ལན་ཅིག་ཕྱིར་འོང་བ་དང་། དགྲ་བཅོམ་པའི་འབྲས་བུ་ཐོབ་བོ། །ཁ་ཅིག་ནི་ས་དང་པོ་ཐོབ་བོ། །ཁ་[b6]ཅིག་ནི་ས་གཉིས་པ། །ཁ་ཅིག་ནི་ས་གསུམ་པ། །ཁ་ཅིག་ནི་ས་བཞི་པ། །ཁ་ཅིག་(72a1)ནི་ས་ལྔ་པ་ནས། ཁ་ཅིག་ས་བཅུ་པའི་བར་དུ་ཐོབ་བོ། གང་དག་གིས་བླ་ན་མེད་པ་ཡང་[b7]དག་པར་རྫོགས་པའི་བྱང་ཆུབ་ཏུ་སེམས་བསྐྱེད་པའི་སེམས་ཅན་དེ་དག་ཀྱང་

དཔག་ཏུ་མེད་དོ།

(peking, 368)

།བྱང་ཆུབ་སེམས་དཔའ་སེམས་(a3)དཔའ་ཆེན་པོ་འཕགས་པ་སྤྱན་རས་གཟིགས་དབང་ཕྱུག་གིས་སྔགས་འདི་བརྗོད་མ་ཐག་ཏུ་ས་ཆེན་པོ་རྣམ་པ་དྲུག་ཏུ་གཡོས་སོ། །དེ་ནས་ལྷ་རྣམས་ཀྱིས་མེ་ཏོག་རིན་པོ་ཆེའི་ཆར་ཕབ་སྟེ་མཆོད་དོ། །ཕྱོགས་བཅུའི་སངས་རྒྱས་ཀྱང་ཤིན་ཏུ་ཐུགས་དགྱེས་ (a4)པར་གྱུར་ནས་ལྷའི་བདུད་དང་མུ་སྟེགས་རྣམས་ཀྱང་འཇིགས་སྐྲག་ཏེ་སྤྱི་བྲང་ཞེས་བྱེད་དོ། །འཁོར་འདུས་པའི་ཚོགས་ཐམས་ཅད་འབྲས་བུའི་ཁྱད་པར་འཐོབ་པ་ཁ་ཅིག་ནི་རྒྱུན་དུ་ཞུགས་པའི་འབྲས་བུ། ཁ་ཅིག་ནི་ལན་ཅིག་ཕྱིར་འོང་བ། ཁ་ཅིག་ནི་ཕྱིར་མི་(a5)འོང་བ། ཁ་ཅིག་ནི་དགྲ་བཅོམ་པའི་འབྲས་བུ། ཁ་ཅིག་ནི་ས་དང་པོ་དང་། ས་གཉིས་པ་དང་། ས་གསུམ་པ་དང་། ས་བཞི་པ་དང་། ས་ལྔ་པ་དང་། ས་བཅུ་པའི་བར་གྱི་འབྲས་བུ་ཐོབ་པ་དང་།སེམས་ཅན་མང་པོ་ཞིག་ཀྱང་དེའི་ཚེ་བྱང་ཆུབ་ཏུ་སེམས་བསྐྱེད་དོ།

§ 21

（漢）爾時大梵天王從座而起。整理衣服合掌恭敬。白觀世音菩薩言。善哉大士我從昔來經無量佛會。聞種種法種種陀羅尼。未曾聞説如此無礙大悲心大悲陀羅尼神妙章句。唯願大士爲我。説此陀羅尼形貌状相。我等大衆願樂欲聞。

(sde dge, 690)

དེ་ནས་ཚངས་པ་ཆེན་པོ་སྟན་ལས་ལངས་ཏེ། གོས་ལེགས་པར་བགོས་ནས། གུས་[312a1]པའི་(a2)སེམས་ཀྱིས་ཐལ་མོ་སྦྱར་ཏེ། བྱང་ཆུབ་སེམས་དཔའ་འཕགས་པ་སྤྱན་རས་གཟིགས་དབང་ཕྱུག་ལ་འདི་སྐད་ཅེས་སྨྲས་སོ། །ཀྱེ་ཀྱེ་ལས་མཛད་པ་ལེགས་སོ་[a2]ལེགས་སོ། བདག་ཀྱང་འདས་པའི་དུས་ན། དེ་བཞིན་གཤེགས་པ་དཔག་ཏུ་མེད་པ་དག་གི་འཁོར་(N:འཁོར་གྱི་

དཀྱིལ་འཁོར་)རྣམས་སུ་འདུས་པར་གྱུར་(a3)ཏེ། བདག་གིས་དེ་དག་ཏུ་ཆོས་ཀྱི་རྣམ་[a3]གྲངས་དང་། གཟུངས་ཀྱི་སྒོ་སྣ་ཚོགས་དག་ཀྱང་ཐོབ་ན། བདག་གིས་སྙིང་རྗེ་ཆེན་པོའི་རང་བཞིན་གྱི་གཟུང་སྔགས་གཞི་ཐོགས་པ་མེད་པ་རྒྱ་ཆེན་པོ་འདི་མ་ཐོས་ཀྱིས། ད་བྱང་[a4]ཆུབ་སེམས་དཔའ་ལས་མཛད་པ་ཆེན་པོ་དེའི་ལུས་དང་། རྟགས་དང་། (a4)ཚུལ་དང་མཚན་ཉིད་ངེས་པར་བཤད་དུ་གསོལ། །བདག་ལ་སོགས་པ་འཁོར་ཆེན་པོ་འདི་ཐོས་[a5]པར་འཚལ་ཞིང་སྨོས་སོ།

(peking, 368)

།དེས་(sic)(a6)ནས་ཚངས་པ་ཆེན་པོ་སྟན་ལས་ལངས་ཏེ་གོས་ཚགས་བཅོས་ནས་ཐལ་མོ་སྦྱར་ཅིང་བསྙེན་བཀུར་གུས་པའི་ཚུལ་དུ་བྱང་ཆུབ་སེམས་དཔའ་འཕགས་པ་སྤྱན་རས་གཟིགས་དབང་ཕྱུག་ལ་འདི་སྐད་ཅེས་སྨྲས་སོ། །སྐྱེས་བུ་ཆེན་པོ་ལེགས་སོ། །བདག་སྔོན་སངས་(a7)རྒྱས་གྲངས་མ་མཆིས་པ་ནས་ཆོས་ཀྱི་རྣམ་གྲངས་མང་པོ་ཞིག་ཐོས་ཀྱིས་ཀྱང་འདི་ལྟ་བུའི་ཐུགས་རྗེ་ཆེན་པོ་དང་ལྡན་པ་ཐོགས་པ་མི་མངའ་བའི་གཟུངས་ཀྱི་སྙིང་པོའི་ཚིག་ཐོས་མ་མྱོང་སྟེ། སྐྱེས་བུ་ཆེན་པོའི་གཟུངས་འདིའི་མཚན་ཉིད་ཇི་ལྟ་བུ་ལགས་པ་བདག་ལ་(a8)བསྟན་དུ་གསོལ། བདག་ཅག་ཕལ་མང་པོ་ཡང་ཐོས་པར་སྨོན་ཏོ།

§ 22

（漢）觀世音菩薩告梵王言。汝爲方便利益一切衆生故。作如是問。汝今善聽吾爲汝等略說少耳。

(sde dge, 690)

དེ་ནས་བྱང་ཆུབ་སེམས་དཔའ་འཕགས་པ་སྤྱན་རས་གཟིགས་དབང་ཕྱུག་གིས། ཚངས་པ་ཆེན་པོ་ལ་འདི་སྐད་ཅེས་སྨྲས་སོ། །ཀྱེ་ཁྱོད་ཀྱིས་ཐབས་མཁས་(a5)[a6]པས་(N:པ་)སེམས་ཅན་གྱི་ཁམས་ཐམས་ཅད་ལ་ཕན་པ་དང་། བདེ་བའི་ཕྱིར་དྲི་བ་འདི་བྱས་སོ། ད་ཉོན་ཅིག་

དང་མདོར་ཙུང་ཟད་ཅིག་ཁོ་བོས་ཁྱོད་ལ་བཤད་པར་བྱའོ།

(peking, 368)

།དེ་ནས་བྱང་ཆུབ་སེམས་དཔའ་འཕགས་པ་སྤྱན་རས་གཟིགས་དབང་ཕྱུག་གིས་ཚངས་པ་ཆེན་པོ་ལ་སྨྲས་པ། ཁྱོད་ཐབས་ལ་མཁས་པས་སེམས་ཅན་ཐམས་ཅད་ལ་ཕན་པ་དང་། བདེ་བར་(268b1)བྱ་བའི་ཕྱིར་འདི་སྐད་དུ་འདྲི་ན་ལེགས་པར་ཉོན་ཅིག་དང་ངས་ཁྱེད་རྣམས་ལ་མདོ་ཙམ་ཞིག་བཤད་དོ།

§ 23

（漢）觀世音菩薩言。大慈悲心是平等心。是無爲心是無染著心。是空觀心是恭敬心。是卑下心是無雜亂心無見取心。是無上菩提心。是當知如是等心即是陀羅尼相貌。汝當依此而修行之。

(sde dge, 690)

དེ་ནས་འཕགས་[a7]པ་སྤྱན་རས་གཟིགས་དབང་ཕྱུག་གིས་འདི་སྐད་ཅེས་སྨྲས་སོ། །འདི་ནི་སྙིང་རྗེ་ཆེན་པོའི་སེམས་(a6)སོ། །འདི་ནི་མཚུངས་ཤིང་མཉམ་པའི་སེམས་སོ། །འདི་ནི་འདུས་མ་བྱས་ཀྱི་སེམས་སོ།[312b1]།འདི་ནི་ཆགས་ཤིང་ཞེན་པ་མེད་པའི་སེམས་སོ། །འདི་ནི་སྟོང་པ་ཉིད་དུ་བལྟ་བའི་སེམས་སོ། །འདི་ནི་བསྟི་སྟང་དུ་བྱས་ཤིང་གུས་པའི་སེམས་སོ། །འདི་ནི་མ་འཁྲུགས་ཤིང་སྐྱོན་(a7)མེད་པའི་སེམས་སོ། །འདི་[b2]ནི་བླ་ན་མེད་པའི་བྱང་ཆུབ་ཀྱི་སེམས་ཏེ། སེམས་དེ་དག་ལ་སོགས་པ་ནི་སྙིང་པོ་འདི་མཚན་ཉིད་དང་། ཚུལ་ཡིན་པར་དེ་ལྟར་ཞེས་བྱའོ། །དེ་ལྟར་ཚུལ་འདིས་སྤྱད་པར་བྱའོ། །བསྒོམ་[b3]པར་བྱའོ།

(peking, 368)

།གཟུངས་འདིའི་མཚན་ཉིད་ནི་འདི་ལྟ་སྟེ། བྱམས་པ་ཆེན་པོ་དང་། སྙིང་རྗེ་ཆེན་པོའི་སེམས་སོ།

འདུས་མ་བྱས་པའི་སེམས་སོ། ཆགས་པ་མེད་པའི་སེམས་སོ།(b2)སྟོང་པ་ཉིད་དུ་རྟོགས་པའི་སེམས་སོ། རི་མོ་གུས་པའི་སེམས་སོ། བདག་དམན་པའི་སེམས་སོ། འཁྲུག་པ་མེད་པའི་སེམས་སོ། བླ་ན་མེད་པའི་བྱང་ཆུབ་ཀྱི་སེམས་སོ། དེ་ལྟ་བུའི་སེམས་ནི་གཟུངས་ཀྱི་མཚན་ཉིད་ཅེས་བྱས་ཏེ། ཁྱོད་ཀྱང་དེ་བཞིན་དུ་སྤྱོད་ཅིག

§ 24

（漢）大梵王言。我等大衆今始識此陀羅尼相貌。從今受持不敢忘失。

(sde dge, 690)

ཚངས་པ་ཆེན་པོས་འདི་སྐད་ཅེས་སྨྲས་སོ། །(72b1)བདག་ལ་སོགས་པ་འཁོར་འདིས་སྙིང་པོ་འདིའི་ཚུལ་དང་། མཚན་ཉིད་དེ་དང་ལྡན་ཆད་(N:དེང་ལྡན་ཆད་)མ་འཚལ་ཏོ། །ད་ལྡན་ཆད་ནི་ལྷང་ངོ་། མི་[b4]བརྗེད་པར་བགྱིའོ།

(peking, 368)

།ཚངས་(b3)པ་ཆེན་པོས་སྨྲས་པ། །བདག་ལ་སོགས་པ་ཕལ་མང་པོས་གཟུངས་འདིའི་མཚན་ཉིད་ནི་གདོད་འཚལ་ཏེ། དེང་ཕྱིན་ཅད་གཟུངས་སུ་བཟུང་ཞིང་མི་བརྗེད་པར་བགྱིའོ།

§ 25

（漢）觀世音言。若善男子善女人。誦持此神呪者。發廣大菩提心。誓度一切衆生身持齋戒。於諸衆生起平等心。常誦此呪莫令斷絶。住於淨室澡浴清淨著淨衣服。懸旛然燈香華百味飲食以用供養。制心一處更莫異縁。如法誦持。是時當有日光菩薩月光菩薩。與無量神仙。來爲作證益其効驗。我時當以千眼照見千手護持。從是以往所是世間經書悉能受持。一切外道法術韋陀典籍亦能通達。誦持此神呪者。世間八萬四千種病。悉皆治之無不差者。亦能使令一切鬼神。降諸天魔制諸外道。若在山野誦經坐禪。有諸山精雜魅魍魎鬼神。橫相惱亂心不安定者。誦此呪一遍是。諸鬼神悉皆被縛也。若能如法誦持。於諸衆生起慈悲心者。我時當勅一切善神龍王金剛密迹。常隨衞護不離其側。如護眼睛如護已命。説偈勅曰

(sde dge, 690)

།བྱང་ཆུབ་སེམས་དཔའ་འཕགས་པ་སྤྱན་རས་གཟིགས་དབང་ཕྱུག་གིས་དེ་ལ་འདི་སྐད་ཅེས་སྨྲས་སོ། །རིགས་ཀྱི་བུའམ།(b2)རིགས་ཀྱི་བུ་མོ་གང་ལ་ལ་ཞིག་སྙིང་པོ་འདི་བརྗོད་[b5]ཅིང་འཛིན་ན། དེས་བྱང་ཆུབ་སེམས་དཔའ་ཆེན་པོ་ཡངས་པ་བསྐྱེད་པའོ། །དེ་ལྟར་ཡི་དམ་བཅས་ནས། བདག་གིས་སེམས་ཅན་ཐམས་ཅད་ཀྱི་ལུས་གཟུང་བར་བྱའོ། ཟས་དུས་[b6]དུས་སུ་བཟའ་བ་དང་། ཁྲུལ་ཁྲིམས་དང་ལྡན་(b3)པར་བྱའོ། སེམས་ཅན་ཐམས་ཅད་ལ་མཉམ་པའི་སེམས་བསྐྱེད་པར་བྱའོ། །རྟག་པར་གྱུན་དུ་རྒྱུན་མི་འཆད་པར་གསང་སྔགས་འདི་[b7]བརྗོད་པར་བྱའོ། །གཙང་མར་གནས་པས་གནས་པར་བྱའོ། །ཁྲུས་ལེགས་པར་བྱའོ། །གོས་གཙང་མ་བགོས་ལ་ལྷའི་བ་དན་དང་།(b4)མར་མེ་དང་། བདུག་པ་དང་། མེ་ཏོག་དང་། [313a1]གཏོར་མ་ལ་སོགས་པས་མཆོད་པར་བྱའོ། །སེམས་རྩེ་གཅིག་ཏུ་གཟུང་བར་བྱའོ། །ཡང་དག་པར་མ་ཡིན་པ་ལ་བརྟག་པར་མི་བྱའོ་ཞེས་དེ་སྐད་[a2]ཅེས་བརྗོད་པར་བྱའོ། །དེ་ལྟར་གཟུང་བར་བྱའོ། །འོན་ཏང་བྱང་ཆུབ་སེམས་དཔའ་(b5)ཉི་འོད་དང་། བྱང་ཆུབ་སེམས་དཔའ་ཟླ་འོད་དང་། ལྷའི་དྲང་སྲོང་དུ་མ་ཡང་དེར་འགྲོ་སྟེ། དབང་[a3]བྱེད་ཅིང་དངོས་གྲུབ་ཀྱང་སྦྱིན་པར་འགྱུར་རོ། །ཁོ་བོས་ཀྱང་དེའི་ཚེ་མིག་སྟོང་གིས་སྲུབ་པ་པོ་དེ་ལ་བལྟའོ། །ལག་པ་སྟོང་གིས་སྲ་ཞིང་བཟུང་ངོ་། །འཇིག་རྟེན་གྱི་མདོ་དང་། ཡི་གེ་(b6)[a4]རྣམས་ལེན་ཅིང་འཛིན་ཀྱང་ནུས་པར་འགྱུར་རོ། །གཞན་མུ་སྟེགས་ཅན་ཐམས་ཅད་ཀྱི་ཆོས་དབང་དུ་བྱ་བ་དང་། རིག་བྱེད་རྣམས་ཀྱང་ངེས་པར་རྟོགས་པར་འགྱུར་རོ། །གང་[a5]ལ་ལ་ཞིག་གསང་སྔགས་འདི་བརྗོད་ཅིང་འཛིན་པས་ནི་འཇིག་རྟེན་ན་འབྱུང་པོས་ཕྱུང་བའི་ནད་ཀྱི་རྣམ་(b7)

པ་བརྒྱད་ཁྲི་བཞི་སྟོང་གང་སུ་ལ་བྱུང་ཡང་ཉུང་སོས་པར་བྱེད་དོ། །དེས་ནི་[a6]བར་མི་འགྱུར་བའི་ནད་གང་ཡང་མེད་དོ། །ཡང་འབྱུང་པོའམ། ལྷ་རྣམས་ལ་ཡང་གྲོལ་བའི་མཐུ་ཡོད་པར་འགྱུར་རོ། །བདུད་ཀྱང་ཕམ་པར་བྱེད་དོ། །གཞན་མུ་སྟེགས་[a7]ཅན་རྣམས་ཀྱི་ཕྱོགས་ཀྱང་(73a1)།སྐྲགས་པར་བྱེད་དོ། །གལ་ཏེ་རི་ལ་གནས་པའམ། དགོན་པ་ན་གནས་པ་གང་ཞིག་ཁ་ཏོན་(N:བྱེད་དམ། །བསམ་གཏན་བྱེད་)པ་ལ་དེ་ན་གནས་[313b1]པ་ཐེག་པ་བྱེད་པ་དང་། བགེགས་བྱེད་པ་དང་། གནོད་པ་བྱེད་པའི་ལྷ་དང་། འབྱུང་པོ་སྣ་ཚོགས་གང་དག་སེམས་འཁྲུགས་པར་བྱེད་ན། སྙིང་པོ་འདི་ལན་(a2)ཅིག་བརྗོད་པས་དེ་དག་ཐམས་ཅད་བཅིངས་[b2]པར་འགྱུར་རོ། །གང་ལ་ལ་ཞིག་ཚུལ་འདི་བཞིན་དུ་གསང་སྔགས་འདི་བརྗོད་ཅིང་འཛིན་ན། སྲོག་ཆགས་ཐམས་ཅད་ལ་སྙིང་རྗེ་བསྐྱེད་པར་བྱའོ། །དེའི་ཚེ་ཁོ་བོས་ཀྱང་ལྷ་དང་། ཀླུའི་རྒྱལ་[b3]པོ་ཐམས་ཅད་དང་། གསང་བ་པའི་བདག་པོ་(a3)ལག་ན་རྡོ་རྗེ་ལ་རྟག་ཏུ་དེའི་ཕྱི་བཞིན་འབྲངས་ལ་བསྲུང་བ་བགྱིས་(N:གྱིས་)ཏེ། ཐད་པར་གྱིས་ཤིག་ཅེས་བསྒོ་བར་བྱའོ། །མིག་གི་འབྲས་བུ་དང་། རང་[b4]གི་སྲོག་ཇི་ལྟ་བ་བཞིན་དུ་སྲུང་བར་འགྱུར་རོ། ཚིགས་སུ་བཅད་པ་དག་ཀྱང་སྨྲས་པ།

(peking, 368)

།སྤྱན་རས་གཟིགས་དབང་ཕྱུག་གིས་སྨྲས་པ། །རིགས་ཀྱི་བུའམ་རིགས་ཀྱི་བུ་མོ་གང་ལ་(b4)ལས་བྱང་ཆུབ་སེམས་རྒྱ་ཆེར་བསྐྱེད་དོ། །སེམས་ཅན་ཐམས་ཅད་མྱ་ངན་ལས་བཟླ་བའི་ཕྱིར། ཚུལ་ཁྲིམས་འཛིན་ཅིང་སེམས་ཅན་ཐམས་ཅད་ལ་སྙོམས་པའི་སེམས་བསྐྱེད་དོ། །སྔགས་འདི་རྟག་ཏུ་རྒྱུན་མི་འཆད་པར་གང་བ་དབེན་པ་ཞིག་ཏུ་ཁྲུས་བྱས་ཏེ་(b5)གོས་གཙང་མ་བགོ་ཞིང་རྒྱལ་མཚན་དང་། བ་དན་དང་། མར་མེ་དང་། གདུག་སྤོས་དང་། བྱུག་པ་དང་། མེ་ཏོག་དང་། ཞལ་ཟས་རྣམས་ཀྱིས་མཆོད་ཅིང་དོན་གཞན་བཏང་སྟེ་སེམས་རྩེ་ཅིག་ཏུ་ཚེ་ག་བཞིན་དུ་བཟླས་བརྗོད་བྱས་ན། དེའི་ཚེ་བྱང་ཆུབ་སེམས་དཔའ་(b6)ཉི་འོད་དང་། བྱང་ཆུབ་སེམས་དཔའ་ཟླ་འོད་དང་། རིག་འཛིན་གྲངས་མེད་པ་དག་དང་ལྷན་ཅིག་ཏུ་དེར་འོངས་ཏེ། དེ་ལ་ཕན་པར་བྱེད་པའི་རྟགས་དང་མཚན་མ་སྟོན་པར་འགྱུར་རོ། ངས་ཀྱང་དེའི་ཚེ་དེའི་དུས་ན་

མིག་སྟོང་གིས་བརྟག་ཅིང་ལག་སྟོང་གིས་བསྐྱབ་(b7)པར་བྱའོ། མུ་སྟེགས་ཀྱི་གཙུག་ལག་ཐམས་ཅད་ལ་མཁས་ཤིང་ཁོང་དུ་ཆུད་པར་བྱའོ། གང་གིས་གཟུངས་སྔགས་འདི་གཟུངས་སུ་བཟུང་ཞིང་བཟླས་བརྗོད་བྱས་ན་འཇིག་རྟེན་གྱི་འདྲེ་གདོན་གྱི་ནད་བརྒྱད་ཁྲི་བཞི་སྟོང་ཀུན་གསོ་བར་ནུས་ཏེ་མི་འཚེ་བ་(b8)མེད་དོ། གཅིག་ཏུ་ན་ལྷ་མ་སྲིན་ཐམས་བཀོལ་བ་དང་ལྷའི་བདུད་ཐམས་ཅད་ཕམ་པར་བྱེད་པ་དང་། མུ་སྟེགས་ཅན་ཐམས་ཅད་ཐུལ་བར་འགྱུར་རོ། གལ་ཏེ་གང་ལ་ལས་དགོན་པ་ན་གནས་ཤིང་བསམ་གཏན་བྱེད་དམ། མདོ་སྡེ་ཀློག་པའམ། (269a1)ཁ་དོན་བྱེད་པ་ལས་འབྱུང་པོ་དང་ཡི་དགས་ལ་སོགས་པས་བགེགས་བྱས་ཏེ། སེམས་མི་བདེ་ན། སྔགས་དེ་ལན་གཅིག་གཏོན་པ་ཙམ་གྱིས་བགེགས་བྱེད་པ་རྣམས་འཆིང་བར་འགྱུར་རོ། །དེ་ཚོ་ག་བཞིན་དུ་བཟླས་བརྗོད་བྱས་ཏེ།(a2)སེམས་ཅན་ཐམས་ཅད་ལ་བྱམས་པ་དང། སྙིང་རྗེ་བསྐྱེད་དེ། དེའི་ཚེ་དེའི་དུས་ན་ངས་འཇིག་རྟེན་སྐྱོང་བ་དང་། རྡོ་རྗེ་གསང་བ་འཛིན་དང་། ཀླུའི་རྒྱལ་པོ་ལ་སོགས་པ་བསྒོ་སྟེ། དེ་ལ་བསྲུང་བ་དང་། སྐྱོབ་པ་དང་། སྲ་བའི་ཕྱིར་དུས་ཐམས་ཅད་དུ་ཕྱི་བཞིན་(a3)དུ་འབྲང་ཞིང་སྐ་(=སྐད་)ཅིག་ཏུ་ཡང་མི་འབྲལ་བར། ཇི་ལྟར་རང་གི་མིག་དང་སྲོག་ལ་འཕངས་པ་བཞིན་རིམ་གྲོ་བྱེད་པ་བཞིན་བསྲུང་ཞིང་སྐྱོབ་དུ་གཞུག་གོ

§ 26

（漢）我遣密跡金剛士　烏芻君荼鴦俱尸
八部力士賞迦羅　常當擁護受持者
我遣摩醯那羅延　金剛羅陀迦毘羅
常當擁護受持者　我遣婆馺娑樓羅
滿善車鉢眞陀羅　常當擁護受持者
我遣薩遮摩和羅　鳩蘭單吒半祇羅
常當擁護受持者　我遣畢婆伽羅王
應德毘多薩和羅　常當擁護受持者

我遣梵摩三鉢羅　五部淨居炎摩羅
常當擁護受持者　我遣釋王三十三
大辯功徳婆怛那　常當擁護受持者
我遣提頭賴吒王　神母女等大力衆
常當擁護受持者　我遣毘樓勒叉王
毘樓博叉毘沙門　常當擁護受持者
我遣金色孔雀王　二十八部大仙衆
常當擁護受持者　我遣摩尼跋陀羅
散支大將弗羅婆　常當擁護受持者
我遣難陀跋難陀　婆伽羅龍伊鉢羅
常當擁護受持者　我遣脩羅乾闥婆
迦樓緊那摩睺羅　常當擁護受持者
我遣水火雷電神　鳩槃荼王毘舍闍
常當擁護受持者

(sde dge, 690)

།གང་ཞིག་དད་པས་སྙིང་པོ་འདི།
།ཁ་ཡིས་རྟག་ཏུ་(73a4)འཛིན་པ་ཡི།
།སྲུབ་པ་པོ་ལ་དུས་ཀུན་ཏུ།
།[b5]སེམས་(D:སོམས)་ལ་སྲུང་བ་གྱིས་ཤིག་ཅེས།
།ཁྱུང་བྱ་མིག་དང་དེ་བཞིན་དུ།
།སྟོབས་པོ་ཆེ་དང་ལུ་གུ་རྒྱུད།
།ལྷ་ཡི་དམ་པ་ལྕགས་ཀྱུ་དང་།
།ལག་ན་རྡོ་རྗེ་བསྒོ་བར་བྱ།

།ཕོ་བོའི་སྙིང་པོ་མཆོག་[b6]འདི་ནི།
།དད་པས་རྟག་ཏུ་འཛིན་པ་ཡི།
།(a5)སྒྲུབ་པ་སྡིག་དང་བྲལ་བ་ལ།
།ཁྱེད་ཅག་སྲུངས་(N:བསྲུངས་)ཤིག་སྐྱོངས་ཤིག་ཅེས།
།དབང་ཕྱུག་ཆེ་དང་ཁྱབ་འཇུག་དང་།
།ནོར་གྱི་བུ་དང་དྲག་[b7]པོ་དང་།
།ཀུམ་བི་ར་དང་སེར་སྐྱ་དང་།
།དེ་དག་རྣམས་ལ་ཕོ་བོ་བསྒོ།
།གང་ཞིག་རྟག་ཏུ་དད་པ་ཡིས།
།གསང་སྔགས་འདི་བཟོད་འཛིན་བྱེད་པའི།
།(a6)རིག་སྔགས་འཆང་ལ་མི་[314a1]གཡེལ་བར།
།སོམས་ཤིག་སྲུང་བ་གྱིས་ཤིག་ཅེས།
།ལྷས་སྦྱིན་དང་ནི་བདེ་མཆོག་དང་།
།ཅོན་ད་ལ་དང་སུ་མ་ལ།
།པིང་ག་ལ་དང་གཤིན་རྗེ་ལ།
[a2]།ཕོ་བོས་ལུང་གིས་བསྒོ་བར་བྱ།
།གང་ཞིག་རྟག་ཏུ་དད་པ་ཡིས།
།ཕོ་བོའི་གསང་སྔགས་འདི་(a7)འཛིན་ཅིང་།
།རྟག་བཟོད་རིག་སྔགས་འཆང་བ་ལ།
།བསམ་པ་གྱིས་ཤིག་སྲུང་བ་[a3]གྱིས།
།སྒྲུབ་པ་པོ་ལ་བསྲུངས་ཤིག་ཅེས།
།བདེན་པ་པོ་དང་སོ་བརྩེགས་དང་།
།མི་མཛེད་བདག་དང་ལྷ་མོ་དཔལ།
།དེ་དག་ཀུན་ལ་ཕོ་བོས་བསྒོ།

།གང་ཞིག་དད་པས་ཁོ་བོ་[a4]ཡི།
།(73b1)གསང་སྔགས་འདི་ནི་རྟག་འཛིན་ཅིང་།
།བརྗོད་བྱེད་རིག་སྔགས་འཆང་བ་ལ།
།སོམས་ཤིག་སྲུང་བ་གྱིས་ཤིག་ཅེས།
།ལྷ་མོ་ཆེན་མོ་དབྱངས་ཅན་དང་།
།ལྷ་ཡི་དབང་[a5]པོ་བརྒྱ་བྱིན་དང་།
།སུམ་ཅུ་གསུམ་དབང་རོ་ལངས་དང་།
།མང་པོ་འཛིན་ལ་ཁོ་བོས་བསྒོ།
།ཁོ་བོའི་རིགས་སྔགས་འདི་(b2)འཆང་ལ།
།སོམས་ཤིག་སྲུང་བ་གྱིས་ཤིག་ཅེས།
།[a6]གནས་ལྷ་དག་ན་གནས་པ་ཡི།
།གཙང་མའི་གནས་ཀྱི་ལྷ་རྣམས་དང་།
།ཡང་དག་ཤེས་(N:ཤེལ)དང་ནོར་བུ་བཟང་།
།དེ་དག་རྣམས་ལ་ཁོ་བོས་བསྒོ།
།གང་ཞིག་དད་པས་ཁོ་བོ་[a7]ཡི།
།གསང་སྔགས་འདི་ནི་རྟག་འཛིན་ཅིང་།
(b3)བརྗོད་བྱེད་རིག་སྔགས་འཆང་བ་ལ།
།སོམས་ཤིག་སྲུང་བ་གྱིས་ཤིག་ཅེས།
།རྒྱལ་པོ་རྣམ་ཐོས་བུ་དང་ནི།
།འཕྲོག་མ་བུ་[314b1]དང་བཅས་པ་དང་།
།ཡུལ་འཁོར་སྲུང་དང་སྐྱོང་བྱེད་དང་།
།མིག་མི་བཟང་དང་འཕགས་སྐྱེས་དང་།
།སྙེམས་བྱེད་གཞོན་ནུར་གྱུར་པ་དང་།
།དེ་དག་རྣམས་ལ་ཁོ་(b4)བོས་བསྒོ།

།གང་ཞིག་[b2]རྟག་ཏུ་དད་པ་ཡིས།
།རྟག་ཏུ་གསང་སྔགས་འདི་འཛིན་ཅིང་།
།བཟོད་བྱེད་རིག་སྔགས་འཆང་བ་ལ།
།སེམས་ཤིག་སྲུང་བ་གྱིས་ཤིག་ཅེས།
།དགའ་བོ་(N:དགའ་)ཉེ་དགའ་ཀླུ་གཉིས་དང་།
།སྟོབས་[b3]ཀྱི་ལྷ་དང་རྒྱ་མཚོ་དང་།
།འདྲང་སྲོང་ཉེ་ཤུ་རྩ་བརྒྱད་དང་།
།དེ་དག་(b5)རྣམས་ལ་ཁོ་བོས་བསྒོ།
།གང་ཞིག་རྟག་ཏུ་དད་(D:དག)པ་ཡིས།
།རྟག་ཏུ་གསང་སྔགས་འདི་འཛིན་ཅིང་།
།བཟོད་བྱེད་རིག་[b4]སྔགས་འཆང་བ་ལ།
།སེམས་ཤིག་སྲུང་བ་གྱིས་ཤིག་ཅེས།
།ཀླུ་ཡི་རྒྱལ་པོ་ཨུ་ཏྤལ་དང་།
།འཕྲུལ་ཆེན་ལྟོ་འཕྱེ་ཆེ་རྣམས་དང་།
།ལྷ་མིན་མི་ཅི་དྲི་ཟ་དང་།
།(b6)དེ་དག་རྣམས་ལ་ཁོ་[b5]བོས་བསྒོ།
།གང་ཞིག་རྟག་ཏུ་དད་པ་ཡིས།
།རྟག་ཏུ་གསང་སྔགས་འདི་འཛིན་ཅིང་།
།བཟོད་བྱེད་རིག་སྔགས་འཆང་བ་ལ།
།སེམས་ཤིག་སྲུང་བ་གྱིས་ཤིག་ཅེས།
།ཆུ་དང་མེ་ཡི་[b6]ལྷ་རྣམས་དང་།
།ཤ་ཟ་རྣམས་དང་སྲོག་དང་སྦྱིན།
།གྲུལ་བུམ་དག་དང་(b7)མཁའ་ལྡིང་དང་།
།དེ་དག་(N:ནས་)ཀུན་ལ་ཁོ་བོས་བསྒོ།

(peking, 368)

འདི་ལྟར་ངས་ནི་གསང་འཛིན་ཐལ(ཐབ)་སྦྱོར་དང་།

རྡོ་རྗེ་འཚོལ་བ་དང་ནི་ལྕགས་ཀྱུ་དང་།

ཡུ་གུ་རྒྱུད་དང་སྟོབས་(a4)ཆེན་སྡེ་བརྒྱད་རྣམས།།

གཟུངས་འཛིན་དེ་ལ་བསྲུང་ཞིང་སྐྱོབ་ཏུ་གཞུག

།ངས་ནི་སྲིད་མེད་བུ་དང་དབང་ལྡན་དང་།

ཀུམ་བི་ར་དང་ཀ་པ་ལི་ཀ་དང་།

བ་རུ་ཆུ་བདག་དང་ནི་ལེགས་ལྡན་རྣམས།

གཟུངས་འཛིན་དེ་ལ་བསྲུང་ཞིང་སྐྱོབ་ཏུ་གཞུག

།ངས་(a5)ནི་མགྲིན་བཅུ་དང་ནི་ཙན་ད་ར།

ཀ་ལན་ཏ་ཀ་དང་ནི་སན་ཙམ་པལ།

པན་ཀི་ལ་དང་བི་ཐ་ཀ་ལ་རྒྱལ།

གཟུངས་འཛིན་དེ་ལ་བསྲུང་ཞིང་སྐྱོབ་ཏུ་གཞུག

།ངས་ནི་ཨིང་དིག་པི་ཏ་ས་རག་དང་།

ཚངས་པ་ཆེན་པོ་སམ་བྲ་ཀྲ་དང་ནི།

ཚངས་རིས་ལྷ་ཡི་(a6)སྡེ་དང་གཤིན་རྗེ་རྣམས།

གཟུངས་འཛིན་དེ་ལ་བསྲུང་ཞིང་སྐྱོབ་ཏུ་གཞུག

།ངས་ནི་བརྒྱ་བྱིན་སུམ་བཅུ་གཉིས་དབང་བཅས།

དབྱངས་ཅན་དཔལ་དང་ནི་ས་ཏ་ན་དང་།

མ་མོ་ལ་སོགས་མཐུ་ཆེན་རྣམས་ཀྱིས་ཀྱང་།

གཟུངས་འཛིན་དེ་ལ་བསྲུང(a7)ཞིང་སྐྱོབ་ཏུ་གཞུག

།ངས་ནི་འཇིག་རྟེན་སྐྱོང་བ་གནས་བསྲུངས་དང་།

འཕགས་སྐྱེས་མིག་མི་བཟང་དང་ངལ་བསོ་དང་།

གསེར་ཅན་དང་ནི་རྨ་བྱ་ཆེན་མོ་རྣམས།
རྟག་ཏུ་དེ་ལ་བསྲུང་ཞིང་སྐྱོབ་ཏུ་གཞུག
།ངས་ནི་རིག་འཛིན་ཉི་ཤུ་རྩ་བརྒྱད་དང་།
(a8)གནོད་སྦྱིན་སྡེ་དཔོན་ཆེན་པོ་ནོར་བཟངས་དང་།
གང་བ་བཟང་དང་ཡང་དག་ཤེས་རྣམས་ཀྱིས།
རྟག་ཏུ་དེ་ལ་བསྲུང་ཞིང་སྐྱོབ་ཏུ་གཞུག
།ངས་ནི་ཀླུའི་རྒྱལ་པོ་དགའ་བོ་དང་།
ཉེ་དགའ་བོ་དང་མ་དྲོས་རྣམས་དང་ནི།
ཀླུ་ཡི་རྒྱལ་པོ་ཨེ་ལ་མ་ལ་སོགས།
(269b1)གཟུངས་འཛིན་དེ་ལ་བསྲུང་ཞིང་སྐྱོབ་དུ་གཞུག
།ངས་ནི་ལྷ་མ་ཡིན་དང་དྲི་ཟ་དང་།
ནམ་མཁའ་ལྡིང་དང་མིའམ་ཅི་དང་ནི།
ལྟོ་འཕྱེ་ཆེན་པོ་དང་ནི་གྲུལ་བུམ་གྱིས།
གཟུངས་འཛིན་དེ་ལ་བསྲུང་ཞིང་སྐྱོབ་དུ་གཞུག
།ངས་ནི་ཆུ་དང་མེ་དང་རླུང་ལྷ་དང་།
འབྲུག་དང་(b2)གློག་གི་ལྷ་རྣམས་མཐུ་ཆེན་དང་།
འབྱུང་པོ་ཤ་ཟ་རྣམས་ཀྱང་རྟག་པ་ཏུ།
གཟུངས་འཛིན་དེ་ལ་བསྲུང་ཞིང་སྐྱོབ་དུ་གཞུག

§ 27

（漢）是諸善神及神龍王神母女等。各有五百眷屬。大力夜叉常隨擁護。誦持大悲神呪者。其人若在空山曠野獨宿孤眠。是諸善神番代宿衞辟除災障。若在深山迷失道路。誦此呪故善神龍王。化作善人示其正道。若在山林曠野乏少水火。龍王護故化出水火。

(sde dge, 690)

།བདེ་བར་བྱེད་པའི་ལྷ་གཡོག་འཁོར་ལྔ་བརྒྱ་དང་ལྡན་པ་[b7]ཁྱེད་ཐམས་ཅད་དང་། དེ་བཞིན་དུ་ལྷ་དང་། ཀླུའི་རྒྱལ་པོ་རྣམས་དང་། ལྷ་དང་། ལྷའི་བུ་མོ་ལ་སོགས་པ་དང་། གནོད་སྦྱིན་སྟོབས་དང་ལྡན་པ་རྣམས་ཀྱང་གང་སྙིང་རྗེ་ཆེན་(74a1)[315a1]པོའི་རང་བཞིན་གྱི་སྙིང་པོ་འདི་བཟླས་བརྗོད་བྱེད་པ་དེའི་ཕྱི་བཞིན་དུ་འབྲངས་ཤིག །གནོད་པ་སོལ་ཅིག །སྲུང་བ་གྱིས་ཤིག །གལ་ཏེ་སྔགས་པ་མི་[a2]ཞིག་རི་དང་། ནགས་ཚལ་སྟོང་པ་ཐིབས་པོ་དག་ན། གཅིག་པུར་གྲོགས་མེད་པར་ཉལ་ན་ཡང་། བདེ་(a2)བར་བྱེད་པའི་ལྷ་དེ་དག་རང་གི་འཁོར་དང་བཅས་ཏེ་སྲུང་བར་བྱེད་དོ། །ཡམས་[a3]ཀྱི་ནད་རྣམས་དང་། བགེགས་རྣམས་ཀྱང་ཞི་བར་བྱེད་དོ། གལ་ཏེ་རི་ཁྲོད་དུ་ལམ་སྟོར་བར་གྱུར་ན། གསང་སྔགས་འདི་བཟླས་བརྗོད་བྱས་པ་དང་། བདེ་བར་བྱེད་པའི་ལྷ་དང་། ཀླུའི་རྒྱལ་[a4]པོ་དེ་དག་མི་(a3)གཟུགས་ཀྱིས་དེ་ལ་ལམ་སྟོན་པར་བྱེད་དོ། །གལ་ཏེ་རི་དང་། ནགས་དང་། དགོན་པར་སོན་ལ་ཆུ་དང་མེ་མེད་པར་གྱུར་ན། ཀླུའི་རྒྱལ་པོ་རྣམས་ཀྱིས་དེ་ལ་སྲུང་བའི་ཕྱིར་ཆུ་[a5]དང་མེ་སྟོན་པར་ བྱེད་དོ།

(peking, 368)

།དེ་དག་ཀུན་ཀྱང་སོ་སོ་ནས་འཁོར་ལྔ་བརྒྱ་དང་གནོད་སྦྱིན་སྟོབས་པོ་ཆེ་རྣམས་ཐུགས་རྗེ་ཆེན་པོའི་རིག་སྔགས་འཆང་བ་དེ་(b3)ལ་བསྲུང་བ་དང་སྐྱོབ་པ་དང་སྲ་བའི་ཕྱིར་དུས་ཐམས་ཅད་དུ་འཐྲང་བར་བྱེད་དོ། དེ་འབྲོག་དགོན་པ་ན་གཅིག་པུ་གནས་པའི་ཚེ། མགོན་པོ་དག་རེས་ཀྱིས་བསྲུང་བ་བྱེད་ཅིང་གདོན་དང་བགེགས་སེལ་བར་བྱེད་དོ། དགོན་པ་ཆེན་པོར་བསླང་ངམ་ལམ་(b4)འཚོལ་པར་གྱུར་ན། རིག་སྔགས་འདི་བཟླས་པ་ཙམ་གྱིས་མགོན་པོ་དང་། ཀླུའི་རྒྱལ་པོ་ལ་སོགས་པ་མིར་སྤྲུལ་ཏེ་ལམ་གང་ཡིན་པ་སྟོན་པར་བྱེད་དོ། གལ་ཏེ་འབྲོག་དགོན་པའམ་མྱ་ངན་འདམ། ནགས་ཚལ་དག་དུ་འགྲོ་བའི་ཚེ་ཆུ་དང་མེས་འཕོངས་(b5)ན། རིག་སྔགས་འདི་དྲན་པ་ཙམ་གྱིས་ཀླུ་རྣམས་ཀྱི་ཆུ་དང་མེ་མངོན་དུ་སྤྲུལ་ཅིང་འབྱུང་བར་བྱེད་དོ།

§ 28

（漢）觀世音菩薩復爲誦持者。說消除災禍清涼之偈

若行曠野山澤中　逢値虎狼諸惡獸
蛇蚖精魅魍魎鬼　聞誦此呪莫能害
若行江湖滄海間　毒龍蛟龍摩竭獸
夜叉羅刹魚黿鼈　聞誦此呪自藏隱
若逢軍陣賊圍繞　或被惡人奪財寶
至誠稱誦大悲呪　彼起慈心復道歸
若爲王官收録身　囹圄禁閉杻枷鎖
至誠稱誦大悲呪　官自開恩釋放還
若入野道蠱毒家　飮食有藥欲相害
至誠稱誦大悲呪　毒藥變成甘露漿
女人臨難生產時　邪魔遮障苦難忍
至誠稱誦大悲呪　鬼神退散安樂生
惡龍疫鬼行毒氣　熱病侵陵命欲終
至心稱誦大悲呪　疫病消除壽命長
龍鬼流行諸毒腫　癰瘡膿血痛叵堪
至心稱誦大悲呪　三唾毒腫隨口消
衆生濁惡起不善　厭魅呪詛結怨讐
至心稱誦大悲呪　厭魅還著於本人
惡生濁亂法滅時　婬欲火盛心迷倒
棄背妻婿外貪染　晝夜邪思無暫停
若能稱誦大悲呪　婬欲火滅邪心除

我若廣讚呪功力　一劫稱揚無盡期

(sde dge, 690)

།དེ་ནས་བྱང་ཆུབ་སེམས་དཔའ་འཕགས་པ་སྤྱན་རས་གཟིགས་དབང་ཕྱུག་(a4)གིས་ཡང་
རིག་སྔགས་འཆང་དེ་ལ་ཡམས་ཀྱི་ནད་དང་། གནོད་པ་གཞིག་ཅིང་[a6]བསལ་བའི་ཕྱིར། ཞི་
བར་བྱེད་པའི་ཚིགས་སུ་བཅད་པ་འདི་དག་སྨྲས་སོ།
།གལ་ཏེ་འབྲོག་དང་རི་ཁྲོད་རྣམས་ཤིག་ཏུ།
།སྟག་དང་སྤྱང་ཀི་གཅན་གཟན་ཁྲོ་རྣམས་དང་།
།སྦྲུལ་དང་རྩངས་[a7]པ་དང་(a5)ནི་མཁའ་འགྲོ་མ།
།འོང་ཡང་འདི་ཐོས་སྔགས་མཐུས་ལྡོག་པར་འགྱུར།
།རྒྱ་མཚོ་ཆུ་ཀླུང་མཚོ་བྲན་འགྲམ་གནས་ན།
།དུག་ལྡན་སྦྲུལ་དང་སྐྱུལ་འཛིན་བྱེད་པ་དང་།
།ཆུ་[315b1]སྲིན་གནོད་སྦྱིན་ཤ་དང་ཀུམ་(N:ཀུ)བི་ར།
།འོངས་(N:འོང་)ནའང་གསང་སྔགས་ཐོས་ན་འཇིགས་པར་འགྱུར།
།དམག་(a6)དཔུང་ཆེན་པོའི་དགྲ་དང་འཐབ་པ་དང་།
།ནོར་འཕྲོག་ཆོམ་རྐུན་རྣམས་དང་ཕྲད་ན་ཡང་།
[b2]།དད་པས་རྩེ་གཅིག་སེམས་དང་བྱམས་པ་ཡིས།
།གསང་སྔགས་བཟླས་ན་ཕྱིག་བྱེད་མི་ནུས་ལྡོག
།རྒྱལ་པོའི་ཁྲིམས་(N:ཁྲིད)ཅན་གོ་རར་བཙུག་པ་དང་།
།བཙོན་རར་ལྕགས་དང་ཤིང་སྒྲོག་(a7)བཙུག་ན་[b3]ཡང་།
།དད་པས་གསང་སྔགས་འདི་ནི་བརྗོད་བྱས་ན།
།རྒྱལ་པོ་བདག་ཉིད་དེ་ལ་དགའ་བར་འགྱུར།
།གལ་ཏེ་དུག་ཅན་ནགས་སམ་ཁྱིམ་གང་ན།
།དུག་ཅན་ཟས་ཡོད་དེར་ནི་སོན་གྱུར་ལ།

[b4]།དད་དང་ལྡན་པས་གསང་སྔགས་མཆོག་བརྗོད་ན།
།དུག་རྣམས་(74b1)ཐམས་ཅད་གྱུར་ནས་བདུད་རྩིར་འགྱུར།
།གལ་ཏེ་བུད་མེད་བུས་ཐོགས་མི་ཕྱིན་ཅིང་།
།གཡོན་ཅན་བགེགས་ཀྱིས་ན་[b5]བར་བྱེད་ན་ཡང་།
།དད་པ་དྲག་པོས་གསང་སྔགས་འདི་བརྗོད་(N:བརྗོད་བྱས་)ན།
།འབྱུང་པོ་འབྲོས་ཤིང་བདེ་བར་བཙའ་བར་འགྱུར།
།འབྱུང་པོ་སྲུང་དང་གནོད་སེམས་ཀླུ་རྣམས་(b2)ཀྱིས།
།བསད་པའི་[b6]ཆེད་དུ་གནོད་པ་བྱས་ན་ཡང་།
།དད་པས་གསང་སྔགས་འདི་ནི་བརྗོད་བྱས་ན།
།ཚེ་ཡང་འཕེལ་ཞིང་ནད་རྣམས་འབྱུང་བར་འགྱུར།
།གལ་ཏེ་འབྱུང་པོས་སྐྲངས་ནད་བྱས་པ་དང་།
།བས་[b7]ལྷགས་(N:བལྷགས་)ནད་དང་ཤུ་བ་རྣག་ཁྲག་ཅན།
།དད་པས་རྟག་ཏུ་གསང་སྔགས་(b3)འདི་བཟླས་ན།
།གསང་སྔགས་མཐུ་ཡིས་ཐམས་ཅད་མེད་པར་འགྱུར།
།སེམས་ཅན་རབ་ཏུ་སྡང་བས་བསད་[316a1]པའི་ཕྱིར།
།གཡོ་དང་སྒྱུ་ཡི་ལས་རྣམས་བྱེད་ན་ཡང་།
།དད་པ་དྲག་པོས་གསང་སྔགས་འདི་བརྗོད་ན།
།དེ་དྲུང་སྒྱུ་མའི་མཁན་པོ་འགྲོ་མི་འགྱུར།
།དམ་[a2]པའི་(b4)ཆོས་ཉམས་སེམས་ཅན་སྙིག་པ་ཅན།
།འདོད་ཆགས་བཅིངས་ཤིང་ལོག་པས་རྨོངས་རྣམས་དང་།
།ཉིན་མཚན་མི་དྲང་མ་ཞི་རྟོག་ལྡན་ཞིང་།
།ཁྲོ་དང་ལྡན་ཅིག་མི་དགའ་[a3]བུད་མེད་རྣམས།
།གསང་སྔགས་བཟླས་བརྗོད་བྱས་པས་འབྱིན་ནུས་ཏེ།
།འདོད་ཆགས་མེ་ཞི་སེམས་(b5)ནི་དྲང་བར་འགྱུར།

།གལ་ཏེ་སྙིང་པོ་འདི་ཡི་མཐུ་བརྗོད་ན།
།བསྐལ་པ་གཅིག་[a4]གི་མཐའ་མིར(མར)་ཕྱིན་མ་འགྱུར།

(peking, 368)

འཕགས་པ་སྤྱན་རས་གཟིགས་དབང་ཕྱུག་གིས་ཀྱང་སྔགས་འདིའི་ཡོན་ཏན་ཚིགས་སུ་བཅད་
དེ་བརྗོད་པ།
།གང་ཞིག་རི་བྲགས་དགོན་པར་(b6)གནས་པའི་ཚེ།
།གཅན་ཟན་སྟག་དང་དོམ་དྲེད་སྤྱང་གི་དང་།
།སྦྲུལ་གདུག་ཅན་དང་བཏབས་པའི་འདྲེ་རྣམས་ལ།
།སྔགས་འདི་བརྗོད་པ་ཙམ་གྱིས་གནོད་མི་ནུས།
།གང་ཞིག་རྒྱ་མཚོའམ་ཆུ་ཀླུང་སར་འགྲོ་ན།
ཀླུ་གདུག་འཇིག་པོ་ཆུ་སྲིན་ཉ་རྣམས་དང་[།]
(b7)གནོད་སྦྱིན་སྲིན་པོ་འབར་བ་ཙ་ཕྲལ་རྣམས།
།སྔགས་འདི་ཐོས་པ་ཙམ་གྱིས་ལུས་ཕྲེད་འགྱུར།
།ཕ་རོལ་དམག་ཚོགས་ཕྲད་དེ་དགྲས་བསྐོར་ཏམ།
།སྡིག་པ་ཅན་གྱིས་ནོར་ཟས་འཇོམས་པའི་ཚེ།
།བསམ་པ་ཐག་པས་ཐུགས་རྗེའི་སྔགས་བརྗོད་ན།
(b8)དེ་དག་བྱམས་སེམས་གཡོ་ཞིང་ཕྱིར་ཡང་ལྡོག
།གང་ཞིག་རྗེ་དཔོན་དག་གིས་བརྩོན་བཟུང་ནས།
།ཁྲི་མོན་དང་ནི་བརྩོན་དང་འཇུག་པའི་ཚེ།
།བསམ་པ་ཐག་པས་ཐུགས་རྗེའི་སྔགས་བརྗོད་ན།
།རྗེ་དཔོན་སེམས་གློང་གནང་ཞིང་སླར་ལ་གཏོང་།
(270a1) །དུག་ཅན་ཟས་རྣམས་གནོད་པར་གྱུར་པའི་ཚེ།
།བསམ་པ་ཐག་པས་ཐུགས་རྗེའི་སྔགས་བརྗོད་ན།

།དུག་ཅན་ཟས་དེ་འཕྲུལ་དུ་བདུད་རྩིར་འགྱུར།
།བུད་མེད་གང་ཞིག་བུ་དག་བཙའ་བ་ན།
།གདོན་བགེགས་ཞུགས་ཏེ་སྡུག་བསྔལ་(a2)མི་བཟང་ཆེ།
།ཕྱུགས་རྫེ་ཡི་ན(ནི)་སྔགས་འདི་བརྗོད་བྱས་པས།
།གདོན་བགེགས་བྱེར་ཞིང་བདེ་བར་བཙའ་བར་འགྱུར།
།ཀླུ་གདུག་གོར་འདྲེས་རིམས་ནད་གཏོང་བ་ན།
།ན་ཚ་མི་བཟོད་འཆི་སྐྲོར་བསྙེན་པའི་ཆེ།
།བསམ་པ་ཐག་པས་ཕྱུགས་རྫེའི་སྔགས་(a3)བརྗོད་ན།
།རིམས་ནད་ཞི་ཟིང་ཆེ་སྲོག་ནུར་བར་འགྱུར།
།ཀླུ་དང་ཆུ་སྲིན་གདོན་གྱིས་སྐྲངས་གྱུར་ཅིང་།
།འབྲས་དང་ཤུ་བ་རྣག་ཁྲག་མི་བཟང་ཆེ།
།བསམ་པ་ཐག་པས་ཕྱུགས་རྫེའི་སྔགས་བརྗོད་ན།
།མཆིལ་མ་ཐེངས་གསུམ་གཏབ་པས་རྗེས་བཞིན་འབྱུང་[།]
(a4)སྙིགས་མ་ཅན་སྡིག་སེམས་ཅན་སྡིག་སྤྱོད་ཅིང་།
།སྔགས་དང་བྱང་ཀྱིས་ཁོན་ལ་ཤར་གཉེར་པ།
བསམ་པ་ཐག་པས་ཕྱུགས་རྫེའི་སྔགས་བརྗོད་ན།
།བྱད་སྔགས་དྲག་པོ་དེ་ལ་སླར་འཁོར་རོ།
།དུས་ངན་སྙིགས་ཅན་འཁྲུག་ཅིང་ཆོས་འཇིག་ཆེ།
།ཆགས་(a5)མེད་བདེ་ཞིང་འདོད་ལ་སེམས་རྨོངས་ཏེ།
།བཟའ་ཤུག་དབེན་ཞིང་ཉེན་མཚན་གཞན་དག་ལ།
།འདོད་པའི་ཆགས་སེམས་གཏོང་བའི་དུས་མེད་པ།
།དེ་ཆེ་ཕྱུགས་རྫེ་ཅན་གྱི་སྔགས་བརྗོད་ན།
།འདོད་ཆགས་མེ་དང་འཁྲུག་སེམས་འགག་པར་འགྱུར།
(a6)གལ་ཏེ་ང་ཡི་སྔགས་ཀྱི་ཡོན་ཏན་ཀུན།

རྒྱ་ཆེར་བཤད་དུ་བསྐལ་པར་མི་རྫོགས་སྟོ།
འཕགས་པ་སྤྱན་རས་གཟིགས་དབང་ཕྱུག་ཕྱག་སྟོང་སྤྱན་སྟོང་དུ་སྤྲུལ་པའི་གཟུངས་རྫོགས་སྟོ།

§ 29

（漢）爾時觀世音菩薩告梵天言。誦此呪五遍。取五色線作索。呪二十一遍結作二十一結繫項。此陀羅尼是過去九十九億恒河沙諸佛所說。彼等諸佛爲諸行人。修行六度未滿足者速令滿足故。未發菩提心者速令發心故。若聲聞人未證果者速令證故。若三千大千世界内諸神仙人。未發無上菩提心者令速發心故。若諸衆生未得大乘信根者。以此陀羅尼威神力故。令其大乘種子法芽增長。以我方便慈悲力故。令其所須皆得成辦。

(sde dge, 690)

(74b5)།ཚོན་སྐུད་སྣ་ལྔ་པ་ལ་སྙིང་པོ་འདི་ལན་ལྔ་བཟླས་བརྗོད་བྱས་ཏེ། མདུད་པ་ཉི་ཤུ་རྩ་གཅིག་བཟླས་པ་མགུལ་དུ་གདགས་སོ། སྙིང་པོ་འདི་ནི་སྔོན་[a5]གྱི་སངས་རྒྱས་(b6)བཅོམ་ལྡན་འདས་གང་གཱའི་ཀླུང་དགུ་བཅུ་རྩ་དགུའི་བྱེ་མ་སྙེད་ཀྱིས་སེམས་ཅན་རྣམས་ཀྱི་དོན་གྱི་ཕྱིར་གསུངས་པའོ། །གང་དག་ཕ་རོལ་ཏུ་ཕྱིན་པ་དྲུག་སྒོམ་པར་བྱེད་[a6]ལ་ཡོངས་སུ་རྫོགས་པར་མི་འགྱུར་བ་དེ་དག་ལ། མྱུར་དུ་ཡོངས་རྫོགས་པར་བྱ་བའི་ཕྱིར་གསུངས་སོ། །གང་དག་(b7)སངས་རྒྱས་ཉིད་དུ་སེམས་མ་བསྐྱེད་པ་དེ་དག་ཀྱང་། བྱང་ཆུབ་ཏུ་[a7]སེམས་སྐྱེད་པར་བྱེད་དོ། གང་ཉན་ཐོས་ཀྱི་འབྲས་བུ་མ་ཐོབ་པ་དེ་དག་ཀྱང་མྱུར་དུ་ཐོབ་པར་བྱེད་དོ། །སྟོང་གསུམ་གྱི་སྟོང་ཆེན་པོའི་འཇིག་རྟེན་གྱི་ཁམས་ན། ལྷའི་དྲང་སྲོང་གང་[316b1]དག་བྱང་ཆུབ་ཏུ་སེམས་མ་བསྐྱེད་པ་ཇི་(75a1)སྙེད་འདོད་པ་དེ་དག་ཀྱང་སེམས་སྐྱེད་པར་བྱེད་དོ། །གང་ཐེག་པ་ཆེན་པོའི་ཆོས་ལ་དབང་པོ་རྣམས་དད་པ་མ་རྙེད་པ་དེ་དག་ཀྱང་ཐོབ་པར་བྱེད་དོ། །སྙིང་[b2]པོ་འདིའི་མཐུས་ཐེག་པ་ཆེན་པོ་ལ་ཐར་

པའི་ས་བོན་གྱི་སྒྱུ་གུ་འཕེལ་བར་འགྱུར་རོ། །གལ་ཏེ་དགོས་པ་ཞིག་ཡོད་ན་(a2)ཡང་ཁོ་བོའི་སྙིང་རྗེ་དང་། ཐབས་ལ་མཁས་པས་ཐམས་ཅད་འགྲུབ་བོ།

§ 30

（漢）大三千大千世界。幽隱闇處三塗衆生。聞我此呪皆得離苦。有諸菩薩未階初住者速令得故。乃至令得十住地故。又令得到佛地故。自然成就三十二相八十隨形好。若聲聞人聞此陀羅尼一經耳者。修行書寫此陀羅尼者。以質直心如法而住者。四沙門果不求自得。

[b3]།སྟོང་གསུམ་གྱི་སྟོང་ཆེན་པོའི་འཇིག་རྟེན་གྱི་ཁམས་ན། མུན་པ་མུན་ནག་གི་སེམས་ཅན་དམྱལ་བ་དག་ན། སེམས་ཅན་གང་དག་གནས་པ་རྣམས་ཀྱང་། གལ་ཏེ་སྙིང་པོ་འདི་ཐོས་[b4]ན། སྡུག་བསྔལ་(a3)རྣམས་ལས་ཡོངས་སུ་ཐར་བར་འགྱུར་རོ། །བྱང་ཆུབ་སེམས་དཔའ་གང་དག་ས་དང་པོ་མ་ཐོབ་པ་དེ་དག་ཀྱང་། ས་བཅུ་ནས་སངས་རྒྱས་ཀྱི་བྱང་ཆུབ་ཀྱི་བར་དུ་འཐོབ་[b5]པར་འགྱུར་རོ། །སྐྱེས་བུ་ཆེན་པོའི་མཚན་སུམ་ཅུ་རྩ་གཉིས་དང་། དཔེ་བྱད་བཟང་པོ་བརྒྱད་ཅུ་རྣམས་ཀྱང་རང་ཡོངས་(a4)སུ་རྫོགས་པར་འགྱུར་རོ། །ཉན་ཐོས་ཀྱི་ཐེག་པ་ཅན་གྱི་སེམས་[b6]ཅན་གང་དག་གིས་སྙིང་པོ་འདི་ལན་ཅིག་ཐོས་ན། དྲང་པོའི་སེམས་ཀྱི་བསམ་པས་མོས་ཤིང་སྒོམ་པར་འགྱུར་རོ། །དགེ་སྦྱོང་གི་འབྲས་བུ་བཞི་ཡང་ཇི་ལྟར་འདོད་པ་བཞིན་དུ་འཐོབ་[b7]བོ།

§ 31

（漢）若三千大千世界內。山河石壁四大海水能令涌沸。須彌山及鐵圍山能令搖動。又令碎如微塵。其中衆生悉令發無上菩提心。

(sde dge, 690)

གལ་ཏེ་དེ་ལྟར་བཟོད་ན། སྟོང་(a5)གསུམ་གྱི་སྟོང་ཆེན་པོའི་འཇིག་རྟེན་གྱི་ཁམས་ཀྱི་ཕྱི་ནང་ན་ཡོད་པའི་རི་དང་། རྡོ་དང་རྩིག་པ་དང་རི་རབ་དང་། རི་བོར་ཡུག་རྣམས་ཀྱང་[317a1]གཡོ་ཞིང་རྡུལ་ཕྲ་རབ་བཞིན་དུ་ཕྱེ་མར་འགྱུར་རོ། །རྒྱ་མཚོ་ཆེན་པོ་བཞི་ཡང་ཁོལ་ཞིང་འཁོར་བར་འགྱུར་རོ། །གལ་ཏེ་དེ་དང་དེའི་གམ་ཡོ་ན་སེམས་(a6)ཅན་གང་དག་[a2]འཁོད་པ་དེ་དག་ཐམས་ཅད་ཇི་ལྟར་བྱང་ཆུབ་ཏུ་སེམས་བསྐྱེད་པ་དེ་བཞིན་དུ་འགྱུར་རོ།

§ 32

（漢）若諸衆生現世求願者。於三七日淨持齋戒。誦此陀羅尼必果所願。從生死際至生死際。一切惡業並皆滅盡。三千大千世界內。一切諸佛菩薩。梵釋四天王神仙龍王悉皆證知。

(sde dge, 690)

།གང་གི་ཚེ་འདི་ལ་དམ་པར་གྱུར་པ་དེ་དག་གིས། ཉི་མ་ཉི་ཤུ་རྩ་གཅིག་ཏུ་ཚུལ་ཁྲིམས་དང་[a3]ལྡན་པར་བྱས་ལ། སྙིང་པོ་འདི་བཟླས་བརྗོད་བྱས་ན། ཡིད་ལ་བསམས་པ་ཡོངས་སུ་རྫོགས་(a7)པར་འགྱུར་རོ། །ཐོག་མ་མེད་པའི་ཐ་མའི་མཐའི་བར་གྱི་སྡིག་པའི་ལས་གང་ཡིན་པ་དེ་[a4]དག་ཐམས་ཅད་འབྱང་བར་འགྱུར་རོ། །སྟོང་གསུམ་གྱི་སྟོང་ཆེན་པོའི་འཇིག་རྟེན་གྱི་ཁམས་ཀྱི་ཕྱི་ནང་གི་སངས་རྒྱས་དང་། བྱང་ཆུབ་སེམས་དཔའ་དང་། བརྒྱ་བྱིན་དང་། ཚངས་[a5]པ་དང་། (75b1)འཇིག་རྟེན་སྐྱོང་བ་དང་། ལྷའི་དྲང་སྲོང་དང་། ཀླུའི་རྒྱལ་པོ་ཐམས་ཅད་དབང་དུ་འགྱུར་རོ།

§ 33

（漢）若諸人天誦持此陀羅尼者。其人若在江河大海中。沐浴其中衆生。得此人浴身之水霑著其身。一切惡業重罪悉皆消滅。即得轉生他方淨土。蓮華化生不受胎身濕卵之身。何況受持讀誦者。

(sde dge, 690)

།མིའམ་ལྷ་གང་ལ་ལ་ཞིག་གསང་སྔགས་འདི་ཁ་ཏོན་བྱེད་པ་དེ་འབབ་ཆུའམ། [a6]རྒྱ་མཚོར་ཁྲུས་བྱས་ན། དེ་ན་སྲོག་ཆགས་གང་དག་འཁོད་པ་ལ་དེས་རེག་པ་དེ་དག་གི་ལས་ཤིན་ཏུ་ལྕི་བ་(b2)ཐམས་ཅད་འབྱང་བར་འགྱུར། ཚེ་ཕྱི་མ་ལ་སངས་རྒྱས་ཀྱི་ཞིང་ཡོངས་སུ་[a7]དག་པར་པདྨ་ལས་བརྫུས་ཏེ་སྐྱེ་བར་འགྱུར། མངལ་ནས་སྐྱེ་བ་དང་། དྲོད་གཤེར་ལས་སྐྱེ་བ་དང་། སྒོང་ལས་སྐྱེ་བའི་སྐྱེ་བ་འཛིན་པར་མི་འགྱུར་ན། གང་འདི་འཛིན་པ་དང་། བརྗོད་[317b1]པ་དང་། ཀློག་པ་ལྟ་ཅི་(b3)སྨོས། འདོན་ཅིང་བརྗོད་པ་ལྟ་ཡང་ཅི་སྨོས།

§ 34

（漢）若誦持者行於道路。大風時來吹此人身毛髮衣服。餘風下過諸類衆生。得其人飂身風吹著身者。一切重罪惡業並皆滅盡。更不受三惡道報常生佛前。當知受持者福徳果報不可思議。

(sde dge, 690)

རླུང་གང་གིས་རིག་སྔགས་འཆང་ལ་རེག་པའི་རླུང་དེས་སེམས་ཅན་གང་ལ་ལ་ལ་རེག་པར་གྱུར་པའི་ལས་ལྕི་བ་ཐམས་ཅད་འབྱང་[b2]བར་འགྱུར་རོ། །ཡང་དང་ཡང་ངན་སོང་གསུམ་དུ་འགྲོ་བར་མི་འགྱུར་རོ། །རྟག་ཏུ་སངས་རྒྱས་(b4)འབྱུང་བར་སྐྱེ་བར་འགྱུར་རོ། །འདི་ལྟར་ཡང་ཤེས་པར་བྱ་སྟེ། གང་འཛིན་པ་དང་། འཆང་བའི་[b3]བསོད་ནམས་ཀྱི་རྣམ་པར་སྨིན་པ་ནི། བསམ་གྱིས་མི་ཁྱབ་ཅིང་དཔག་ཏུ་མེད་དོ།

§ 35

（漢）誦持此陀羅尼者。口中所出言音若善若惡。一切天魔外道天龍鬼神聞者。皆是清淨法音。皆於其人起恭敬心。尊重如佛。

(sde dge, 690)

།གང་ལ་ལ་སྙིང་པོ་འདི་བཟློད་པ་དེའི་ཁ་ནས་ཚིག་དགེ་བའམ། མི་དགེ་བ་ཅི་བྱུང་ཡང་(b5)ཐུང་སྟེ། དེ་ཐམས་ཅད་[b4]བདུད་དང་གཞན་མུ་སྟེགས་ཅན་དང་། སྲུང་བའི་ལྷ་དང་ཀླུ་དང་། འབྱུང་པོ་རྣམས་ཀྱིས་ཡོངས་སུ་དག་པའི་ཆོས་སུ་ཐོས་པར་འགྱུར་རོ། །སུ་སྙིང་པོ་འདི་ཁ་ཏོན་བྱེད་པ་དེ་ལ་ཐམས་ཅད་སངས་རྒྱས་[b5]སུ་འདུ་ཤེས་བསྐྱེད་ཅིང་གུས་པར་འགྱུར་རོ།

§ 36

（漢）誦持此陀羅尼者。當知其人即是佛身藏。九十九億恒河沙諸佛所愛惜故。當知其人即是光明身。一切如來光明照故。當知其人是慈悲藏。恒以陀羅尼救衆生故。當知其人是妙法藏。普攝一切諸陀羅尼門故。當知其人是禪定藏。百千三昧常現前故。當知其人是虛空藏。常以空慧觀衆生故。當知其人是無畏藏。龍天善神常護持故。當知其人是妙語藏。口中陀羅尼音無斷絶故。當知其人是常住藏。三災惡劫不能壞故。當知其人是解脱藏。天魔外道不能稽留故。當知其人是藥王藏。常以陀羅尼療衆生病故。當知其人是神通藏。遊諸佛國得自在故。其人功德讚不可盡。

(sde dge, 690)

(b6)སངས་རྒྱས་བཅོམ་ལྡན་འདས་གང་གཱའི་ཀླུང་དགུ་བཅུ་རྩ་དགུའི་བྱེ་མ་སྙེད་ཀྱི་རྡུལ་ཕྲ་རབ་སྙེད་དག་གིས་ཐྱུག་པར་དགོངས་ཤིང་ཡོངས་སུ་[b6]བཟུང་བ་དེ་ནི་སངས་རྒྱས་ཀྱི་སྐུའི་མཛོད་དུ་ཤེས་པར་བྱའོ། །དེ་ནི་སངས་རྒྱས་ཐམས་ཅད་ཀྱི་འོད་ཟེར་གྱི་སྣང་བས་སྣང་བར་འགྱུར་བས། ལུས་(b7)འོད་ཟེར་དང་ལྡན་པར་ཤེས་པར་བྱའོ། །གང་[b7]སྙིང་པོ་འདིས་

སེམས་ཅན་རྣམས་ཡོངས་སུ་སྐྱོབ་པ་དེ་སྙིང་རྗེའི་མཛོད་དུ་ཤེས་པར་བྱའོ། །གང་གཟུངས་ཀྱི་སྒོ་རྣམས་སྤྱད་པ་དེ་ཆོས་ཀྱི་མཛོད་དུ་ཤེས་པར་བྱའོ། །གང་ལ་ཏིང་ངེ་འཛིན་བརྒྱ་[318a1]སྟོང་མངོན་དུ་སྣང་བ་དེ་བསམ་གཏན་(76a1)དང་། སྙོམས་པར་འཇུག་པའི་མཛོད་དུ་ཤེས་པར་བྱའོ། །གང་སྟོང་པ་ཉིད་ཀྱི་ཡེ་ཤེས་ཀྱིས་སེམས་ཅན་རྣམས་ལ་[a2]བལྟ་བ་དེ་ནམ་མཁའི་སྙིང་པོའི་མཛོད་དུ་ཤེས་པར་བྱའོ། །གང་ལ་རྟག་ཏུ་ལྷ་དག་དང་ལྷ་རྣམས་ཀྱིས་ཀུན་ཏུ་བསྲུངས་པ་དེ་མི་འཇིགས་པའི་(a2)མཛོད་དུ་ཤེས་པར་བྱའོ། །གང་གི་ཁ་ནས་གཟུངས་[a3]ཀྱི་སྒྲ་རྒྱུན་མི་འཆད་པ་དེ་གཏམ་སྣ་ཚོགས་ཀྱི་མཛོད་དུ་ཤེས་པར་བྱའོ། །གང་ཡམས་ཀྱི་ནད་རྣམ་པ་གསུམ་(D:རྣམ་གསུམ་)དང་། དུས་ངན་པས་ཆུད་མི་ཟོས་པ་དེ་རྟག་ཏུ་གནས་པའི་མཛོད་དུ་ཤེས་[a4]པར་བྱའོ། །གང་བདུད་དང་གཞན་(a3)མུ་སྟེགས་ཅན་གྱིས་(N:གྱི་)བར་དུ་གཅོད་ཅིང་བཟློག་མི་ནུས་པ་དེའི་མིའི་ཤའི་མཛོད་ཇེ་ལྟ་བ་བཞིན་མ་ཡིན་པར་ཤེས་པར་བྱའོ། །གང་རྟག་ཏུ་སྙིང་པོ་[a5]འདིས་སེམས་ཅན་ཐམས་ཅད་གསོ་བར་བྱེད་པ་དེ་སྨན་གྱི་རྒྱལ་པོའི་མཛོད་དུ་ཤེས་པར་བྱའོ། །གང་སངས་རྒྱས་ཀྱི་ཞིང་དུ་འགྲོ་བ་ལ་འབྱུང་(a4)བ་དེ་ནི་མངོན་པར་ཤེས་པར་བྱ་སྟེ། [a6]དེའི་བསོད་ནམས་ཀྱི་བསྔགས་པ་ནི་མཐའ་ཡས་སོ།

§ 37

（漢）善男子若復有人。厭世間苦求長生樂者。在閑淨處清淨結界。呪衣著。若水若食若香若藥皆呪一百八遍。服必得長命。若能如法結界依法受持。一切成就。

(sde dge, 690)

།གལ་ཏེ་རིགས་ཀྱི་བུ་མིར་གྱུར་པ་ཞིག་ཡུན་རིང་པོར་འཁོར་བའི་སྡུག་བསྔལ་གྱིས་སྐྱོ་ཞིང་བདེ་བ་འདོད་ན། དེས་ཐོག་མ་རབས་[a7]མཐའ་དབེན་པའི་གནས་བཅོལ་བར་བྱ་སྟེ། དེར་འདུག་པར་བྱའོ། །(a5)གཙང་མར་མཚམས་ལེགས་པར་(N:+གཅད་པར་)བྱའོ། །གལ་ཏེ་ཆུ་ལ་བཟླས་བརྗོད་བྱས་སམ། ཡང་ན་[318b1]ཟས་སམ་ཐུག་པའམ། སྨན་ནམ། བདུག་པ་ལ་སོ་

(N:lacking)སོར་ལན་བརྒྱ་རྩ་བརྒྱད་བཟླས་བརྗོད་བྱས་ཏེ་སྦྱད་ན་ཆེ་རིང་བར་འགྱུར་རོ། །མཐུ་ཡོད་པར་འགྱུར་རོ། མཚམས་གཅོད་ནུས་པར་[b2]འགྱུར་རོ། རྗེས་(a6)སུ་མཐུན་པའི་ཆོས་ལེན་པའམ། འཛིན་ནུས་པར་འགྱུར་རོ།

§ 38

（漢）其結界法者。取刀呪二十一遍。劃地爲界。或取淨水呪二十一遍。散著四方爲界。或取白芥子呪二十一遍。擲著四方爲界。或以想到處爲界。或取淨灰呪二十一遍爲界。或呪五色線二十一遍。圍繞四邊爲界。皆得。若能如法受持自然剋果。

(sde dge, 690)

།དེ་ལ་མཚམས་བཅད་པའི་ཆོ་ག་ནི་འདི་ཡིན་ཏེ།   ཐོག་མར་རལ་གྲི་ལ་[b3]ལན་ཉི་ཤུ་རྩ་གཅིག་བཟླས་བརྗོད་བྱས་ལ་དཀྱིལ་འཁོར་གཅད་པར་བྱའོ། །ཡང་ན་ཆུ་གཙང་མ་ལ་ལན་ཉི་(a7)ཤུ་རྩ་གཅིག་བཟླས་བརྗོད་བྱས་ལ།   ཕྱོགས་བཞིར་གཏོར་བར་བྱ་སྟེ།   འདི་[b4]ནི་མཚམས་སོ།   །ཡང་ན་ཡུངས་ཀར་ལ་ལན་ཉི་ཤུ་རྩ་གཅིག་བཟླས་བརྗོད་བྱས་ལ་ཕྱོགས་བཞིར་གཏོར་ན་མཚམས་བཅད་པར་འགྱུར་རོ།   །ཡང་ན་ཇི་ཙམ་འདོད་པ་སེམས་ཀྱིས་བྱིན་[b5]གྱིས་བརླབ་པར་(76b1)བྱའོ། །ཡང་ན་ཐལ་བ་གཙང་མ་ལ་ལན་ཉི་ཤུ་རྩ་གཅིག་བཟླས་བརྗོད་བྱས་ཏེ། མཚམས་བཅད་དོ། །ཡང་ན་ཚོན་སྐུད་སྣ་ལྔ་པ་ལ་(D:ལས་)བཟླས་བརྗོད་བྱས་ལ་ཕྱོགས་[b6]བཞིར་བྲེས་ན།   ཐམས་ཅད་དུ་མཚམས་བཅད་པར་འགྱུར་རོ།   །ཆོ་ག་འདིས་ལེན་ཅིང་འཛིན་ནུས་པར་གྱུར་ན་བདག་ཉིད་འབྲས་(b2) བུ་ཐོབ་པར་འགྱུར་རོ།

§ 39

（漢）若聞此陀羅尼名字者。尚滅無量劫生死重罪。何況誦持者。若得此神呪誦者。當知其人已曾供養無量諸佛。廣種善根。若能爲諸衆生拔其苦難。如法誦持者。當知其人即是具大悲者。成佛不久。所見衆生皆悉爲誦。令彼耳聞與作菩提因。是人功徳無量無邊讃不可盡。若能精誠用心身持齋戒。爲一切衆生懺悔先業之罪。亦自懺謝無量劫來種種惡業。口中駸駸誦此陀羅尼聲聲不絶者。四沙門果此生即證。其利根有慧觀方便者。十地果位剋獲不難。何況世間小小福報。所有求願無不果遂者也。

(sde dge, 690)

།གསུས་སྙིང་པོ་འདིའི་མིང་ཐོས་པ་[b7]དེའི་བསྐལ་པ་དྲུ་མའི་སྐྱེ་བ་དང་འཆི་བ་བསགས་པའི་
ལས་ལྷི་བ་རྣམས་ཀྱང་བྱང་བར་འགྱུར་ན། སུ་འདི་བརྗོད་ཅིང་འཛིན་པ་ལྟ་ཅི་སྨོས། གང་ཞིག་
འདི་བརྗོད་ཅིང་སླ་བར་ནུས་པ་[319a1]དེ་སྡོན་གྱི་དེ་བཞིན་གཤེགས་པ་དྲུ་མ་ལ་མཆོད་
ཅིང་བསོད་(b3)ནམས་དང་དགེ་བའི་རྩ་བ་བསགས་པ་ཡིན་པར་རིག་པར་བྱའོ། །གལ་ཏེ་ཚོ་
ག་འདིས་སེམས་[a2]ཅན་གྱི་ཁམས་སྡུག་བསྔལ་ལ་གནས་པ་ཐམས་ཅད་གདོན་པར་བྱེད་
ནུས་པར་གྱུར་ན། མི་དེ་ནི་སྙིང་རྗེ་ཆེན་པོ་དང་ལྡན་ཞིང་རིང་པོ་མི་ཐོགས་པར་སངས་རྒྱས་
ཀྱི་བྱང་ཆུབ་འཐོབ་པར་[a3]རིག་པར་བྱའོ།། (b4)རིག་སྔགས་འཆང་དེས་སེམས་ཅན་ཇི་
སྙེད་མཐོང་བ་དང་། སེམས་ཅན་སོ་སོ་ལ་བརྗོད་པ་དང་། དེ་ལ་གང་དག་གིས་ཐོས་པ་ཡང་
བྱང་ཆུབ་ཀྱི་རྒྱུར་འགྱུར་རོ། །རིག་[a4]སྔགས་འཆང་དེའི་བསོད་ནམས་དང་དགེ་བའི་མཐའ་
ནི་བརྗོད་མི་ནུས་པར་དཔག་ཏུ་མེད་པར་འགྱུར་རོ། །གལ་(b5)ཏེ་ལུས་བསྡམས་ཤིང་ཟས་
དུས་སུ་ཟ་བར་གནས་ལ་དགེ་ཞིང་དྲང་པོའི་[a5]སེམས་ཀྱིས་བརྗོད་པར་ནུས་ན། དེས་དེའི་
ཚེ་སེམས་ཅན་གྱི་ཁམས་ཐམས་ཅད་ཀྱི་ཆེད་དུ། སྡོན་གྱི་ལས་རྣམས་བཤགས་པར་བྱའོ། །
བདག་ཉིད་ཀྱང་དེ་བཞིན་དུ་བཤགས་[a6]པར་བྱའོ། །གལ་ཏེ་དེ་ལྟར་གོམས་(b6)ཤིང་རྒྱུན་
མི་འཆད་པར་སྙིང་པོ་འདི་བརྗོད་ན། དེས་ཚེ་འདི་ལ་དགེ་སྦྱོང་གི་འབྲས་བུ་བཞི་ཐོབ་པར་
འགྱུར། དབང་པོ་རྣོ་བ་དང་། བློ་དང་[a7]ལྡན་པ་དང་། བསམ་གཏན་ལ་བློ་[N:lacking]
སྐྱེ་བར་འགྱུར། ས་བཅུའི་འབྲས་བུ་ཐོབ་པ་ལ་མི་དཀའ་བར་གྱུར་ན། འཇིག་རྟེན་པའི་བསོད་

ནམས་ཀྱི་འབྲས་(b7)བུ་ཆུང་ངུ་འཐོབ་པ་ལྟ་ཅི་སྨོས། [319b1]།ཅི་དང་ཅི་འདོད་པ་རྣམས་དེ་ལ་ཡོངས་སུ་རྫོགས་པར་མི་འགྱུར་བ་མེད་དོ།

§ 40

（漢）若欲使鬼者。取野髑髏淨洗。於千眼像前設壇場。以種種香華飮食祭之。日日如是七日。必來現身隨人使令。若欲使四天王者。呪檀香燒之。

(sde dge, 690)

Lacking

§ 41

（漢）由此菩薩大悲願力深重故。亦爲此陀羅尼威神廣大故。

(sde dge, 690)

དེ་ཅིའི་ཕྱིར་ཞེ་ན། བྱང་ཆུབ་སེམས་དཔའ་འཕགས་པ་སྤྱན་རས་གཟིགས་དབང་ཕྱུག་གི་སྙིང་རྗེ་ཆེན་པོ་དང་། སྨོན་[b2]ལམ་ཆེན་པོ་ཟབ་ཅིང་རྒྱ་ཆེ་བའི་སྟོབས་ཀྱིས་སོ(N:lacking)།

§ 42

（漢）佛告阿難。若有國土災難起時。是土國王若以正法治國。寛縱人物不枉衆生赦諸有過。七日七夜身心精進誦持如是大悲心陀羅尼神呪。令彼國土一切災難悉皆除滅。五穀豐登萬姓安樂。又若爲於他國怨敵。數來侵擾百姓不安。大臣謀叛疫氣流行。水旱不調日月失度。如是種種災難起時。當造千眼大悲心像面向西方。以種種香華幢旛寶蓋或百味飲食至心。供養。其王又能七日七夜身心精進。誦持如是陀羅尼神妙章句。外國怨敵即自降伏。各還政治不相擾惱。國土通同慈心相向。王子百官皆行忠赤。妃后婇女孝敬向王。諸龍鬼神擁護其國。雨澤順時果實豐饒人民歡樂。

(sde dge, 690)

(77a1)།དེ་ནས་བཅོམ་ལྡན་འདས་ཀྱིས་སྙིང་པོ་འདིའི་མཐུ་སྟོབས་རྒྱ་ཆེན་པོ་ཆེ་དང་ལྡན་པ་ཀུན་དགའ་བོ་ལ་བཀའ་སྩལ་པ། ཀུན་དགའ་བོ་ཡུལ་[b3]གང་དང་གང་དུ་ཡམས་ཀྱི་ནད་བྱུང་ལ། ཡུལ་དེར་གལ་ཏེ་རྒྱལ་པོས་ཆོས་ཀྱིས་ཡུལ་སྲུང་ཞིང་རྒྱ་ཆེ་བ་དང་། གཙང་མར་བྱ་ན་སེམས་ཅན་(a2)རྣམས་སྡམས་ལས་མི་གཙོད་དོ། ཉེས་པར་[b4]བྱུང་བ་རྣམས་ལ་བཟོད་པར་བྱའོ། །རྒྱལ་པོ་དེས་ལུས་དང་སེམས་ཀྱི་བརྩོན་འགྲུས་དང་ལྡན་པར་བྱས་ལ། ཞག་བདུན་སྙིང་རྗེ་ཆེན་པོའི་རང་བཞིན་གྱི་སྙིང་པོ་འདི་བཟླས་བརྗོད་བྱས་ན།[b5]ཡུལ་དེར་ཡམས་ཀྱི་ནད་ཅི་བྱུང་བ་ཐམས་ཅད་ཞི་བར་འགྱུར་(a3)རོ། །ལོ་ཏོག་ཐམས་ཅད་ཀྱང་ཕུན་སུམ་ཚོགས་པར་འགྱུར་རོ། །སེམས་ཅན་ཐམས་ཅད་བདེ་བར་འགྱུར་རོ། །གལ་ཏེ་ས་[b6]རིས་སོ་སོར་དགྲ་(D:དག་)རྒྱུན་དུ་འོང་ཞིང་ཡུལ་དུ་གནས་པའི་སེམས་ཅན་རྣམས་ལ་གནོད་པ་བྱེད་པ་དང་། མི་ཡོངས་(N:འོངས་)མི་དགའ་བར་གྱུར་པ་དང་། དེར་ནད་བྱུང་བ་དང་། (a4)ཆུ་དུས་སུ་མི་འབབ་པ་[b7]དང་། དེར་ཟླ་བ་དང་ཉི་མ་ལམ་དྲང་པོར་མི་འགྲོ་བ་དང་། གལ་ཏེ་སྡིག་པའི་ལས་དེ་སྙེད་བྱུང་ན། རྒྱལ་པོ་དེས་སྤྱན་རས་གཟིགས་དབང་ཕྱུག་ལག་པ་སྟོང་དང་། མིག་སྟོང་[320a1]དང་ལྡན་པའི་གཟུགས་བྱས་ལ། གང་དུ་ཡམས་ཀྱི་ནད་བྱུང་བ་དེ་ཕྱོགས་སུ་(N:lacking)བཞིན་(N:+དུ་)བསྟན་ཏེ། (a5)བཞག་གོ། ཤིན་ཏུ་དད་པས་བདུག་པ་དང་། མེ་ཏོག་དང་། གདུགས་[a2]དང་། རྒྱལ་མཚན་དང་། ལྷའི་བ་དན་སྣ་ཚོགས་དང་། ཞལ་ཟས་རོ་བརྒྱ་པས་མཆོད་པར་བྱའོ། །དེ་ནས་རྒྱལ་པོ་དེས་སྙིང་པོ་འདི་བརྗོད་པའི་ཕྱིར། ཉིན་ཞག་བདུན་དུ་བརྩོན་འགྲུས་[a3]བརྟན་པོར་གནས་པར་(a6)བྱས་ན། ས་རིས་སོ་སོར་དགྲ་ཐམས་ཅད་དེ་ལ་ཕྱག་འཚལ་བར་འགྱུར(N:འགྱུར་)། །རང་རང་གི་ཡུལ་ལ་དགའ་བར་

འགྱུར། སེམས་མཐུན་པར་འགྱུར། ཕན་[a4]ཚུན་གྲོགས་སུ་འགྱུར། མི་ཡོངས་དང་རྒྱལ་བུ་ཐམས་ཅད་ཀྱང་བྱས་པ་གཟོ་ཞིང། ལེགས་པར་བྱེད་པར་འགྱུར་རོ། །རྒྱལ་(a7)པོའི་བཙུན་མོའི་འཁོར་རྣམས་ཀྱང་དེ་ལ་དགའ་བ་བསྐྱེད་[a5]པར་འགྱུར་རོ། ལྷ་དང་ཀླུ་རྣམས་ཀྱང་ཡུལ་སྲུང་བར་བྱེད་དོ། །ཆར་ཡང་དུས་སུ་འབབ་པར་འགྱུར་རོ། །འབྲས་བུ་དང། ལོ་ཏོག་རྣམས་ཀྱང་མང་ཞིང་གྲུབ་པར་འགྱུར་རོ། །ཡུལ་ན་[a6]གནས་པ་རྣམས་ཀྱང་བདེ་བ་དང། ཡིད་(77b1)བདེ་བ་སྐྱེ་བར་འགྱུར་རོ།

§ 43

（漢）又若家内遇大惡病百怪競起。鬼神邪魔耗亂其家惡人横造口舌以相謀害。室家大小内外不和者。當向千眼大悲像前設其壇場。至心念觀世音菩薩。誦此陀羅尼滿其千遍。如上惡事悉皆消滅永得安隱

(sde dge, 690)

གལ་ཏེ་ཁྱིམ་གཅིག་ཏུ་ནད་དང། གནོད་པ་སྣ་ཚོགས་བྱུང་ངམ། བདུད་དང་འབྱུང་པོ་གཡོན་ཅན་གནས་[a7]པས་འཁྲུགས་ཤིང་སློའམ། སྐུར་པ་འདེབས་སམ། གནོད་པ་དག་བྱུང་ངམ། ཁྱི་ནང་གི་མི་མཐུན་པ་ཆེན་པོའམ། ཆུང་ངུ་དག་བྱུང་ན་དེའི་ཚེ་(b2)སྤྱན་རས་གཟིགས་དབང་[320b1]ཕྱུག་ལག་པ་སྟོང་དང། མིག་སྟོང་དང་ལྡན་པ་དེའི་མདུན་དུ་མཆོད་པ་བྱས་ལ། ཞིན་ཏུ་དད་པས་སྙིང་པོ་འདི་ལན་སྟོང་བཟླས་བརྗོད་བྱས་ན། གོང་དུ་སྨོས་པའི་གནོད་པ་དེ་དག་ཞི་བར་འགྱུར་རོ།

§ 44

（漢）阿難白佛言。世尊此呪名何云何受持。

(sde dge, 690)

།དེ་ནས་[b2]བཅོམ་ལྡན་འདས་ལ་ཚེ་དང་ལྡན་པ་ཀུན་དགའ་བོས་འདི་སྐད་(b3)ཅེས་

གསོལ་ཏོ། །བཅོམ་ལྡན་འདས་སྙིང་པོ་འདིའི་མིང་ཅི་ཞེས་བགྱི། ཇི་ལྟར་བླང་བར་བགྱི། ཇི་ལྟར་གཟུང་བར་བགྱི།

§ 45

（漢）佛告阿難。如是神呪有種種名。一名廣大圓滿。一名無礙大悲。一名救苦陀羅尼。一名延壽陀羅尼。一名滅惡趣陀羅尼。一名破惡業障陀羅尼。一名滿願陀羅尼。一名隨心自在陀羅尼。一名速超上地陀羅尼。如是受持。

(sde dge, 690)

ཀུན་[b3]དགའ་བོ་སྙིང་པོ་འདིའི་མིང་མང་དུ་ཡོད་དེ། གཅིག་ནི་རྒྱ་ཆེར་དྲི་མ་མེད་པ་ཡོངས་སུ་རྫོགས་པ་ཞེས་བྱའོ། །སྙིང་རྗེ་ཆེན་པོ་ཐོགས་པ་མེད་པ་ཞེས་(b4)ཀྱང་བྱའོ། །སྡུག་བསྔལ་ལས་ཡོངས་སུ་སྐྱོབ་པ་[b4]ཞེས་ཀྱང་བྱའོ། །ཚེ་འཕེལ་བར་བྱེད་པ་ཞེས་ཀྱང་བྱའོ། །ངན་འགྲོའི་ལམ་རྣམ་པར་འཇིག་(N:འཇིགས་)པ་ཞེས་ཀྱང་བྱའོ། །ལས་ཀྱི་སྒྲིབ་པ་འཇོམས་པ་ཞེས་ཀྱང་བྱའོ། །བསམ་པ་ཡོངས་སུ་རྫོགས་པར་[b5]བྱེད་པ་ཞེས་ཀྱང་བྱའོ། །སེམས་(b5)ཀྱི་རྗེས་སུ་མཐུན་པར་དབང་བ་ཞེས་ཀྱང་བྱའོ། །ས་གོང་མར་མྱུར་དུ་ངེས་པར་རྟོགས་པར་བྱེད་པ་ཞེས་ཀྱང་བྱ་སྟེ། ཀུན་དགའ་བོ་དེ་ལྟར་ཟུང་ཤིག།

§ 46

（漢）阿難白佛言。世尊此菩薩摩訶薩名字何等。善能宣説如是陀羅尼。

(sde dge, 690)

དེ་ནས་བཅོམ་[b6]ལྡན་འདས་ལ་ཚེ་དང་ལྡན་པ་ཀུན་དགའ་བོས་འདི་སྐད་ཅེས་གསོལ་ཏོ།

བཙུན་པ་བཅོམ་ལྡན་འདས་གང་སྙིང་པོ་དྲང་(b6)པོ་འདི་སྟོན་པའི་བྱང་ཆུབ་སེམས་དཔའ་སེམས་དཔའ་ཆེན་པོ་འདིའི་[b7]མིང་ཅི་ཞེས་བགྱི།

§ 47

（漢）佛言此菩薩名觀世音自在。亦名撚索亦名千光眼。善男子此觀世音菩薩。不可思議威神之力。已於過去無量劫中。已作佛竟號正法明如來。大悲願力。爲欲發起一切菩薩。安樂成熟諸衆生故現作菩薩。汝等大衆諸菩薩摩訶薩梵釋龍神。皆應恭敬莫生輕慢。一切人天常須供養專稱名號。得無量福滅無量罪。命終往生阿彌陀佛國。

(sde dge, 690)

བཅོམ་ལྡན་འདས་ཀྱིས་བཀའ་སྩལ་པ།   བྱང་ཆུབ་སེམས་དཔའ་སེམས་དཔའ་ཆེན་པོ་སྤྱན་རས་གཟིགས་དབང་ཕྱུག་ཅེས་བྱའོ། །མདོ་འཛིན་པ་ཞེས་ཀྱང་བྱའོ།[321a1]།འོད་ཟེར་དང་མིག་དང་། ལག་(b7)པ་སྟོང་ཡོད་པ་ཞེས་ཀྱང་བྱའོ། །བྱང་ཆུབ་སེམས་དཔའ་སེམས་དཔའ་ཆེན་པོ་སྤྱན་རས་གཟིགས་དབང་ཕྱུག་དེའི་རྫུ་འཕྲུལ་གྱི་མཐུ་[a2]ནི་དཔག་ཏུ་མེད་ཅིང་བསམ་གྱིས་མི་ཁྱབ་པོ།   འདི་ནི་འདས་པའི་བསྐལ་པ་དཔག་ཏུ་མེད་པའི་སྔ་ལོགས་སུ་བྱང་ཆུབ་མངོན་པར་རྫོགས་པར་སངས་རྒྱས་ཏེ།(78a1)།ཆོས་སྣང་བའི་སངས་རྒྱས་[a3]བཅོམ་ལྡན་འདས་ཞེས་བྱའོ། །དེ་ནི་སྙིང་རྗེ་ཆེན་པོ་དང་། སྨོན་ལམ་གྱི་དབང་གིས་སེམས་ཅན་ལ་ཕན་པ་དང་། བདེ་བའི་ཕྱིར་འདིར་བྱང་ཆུབ་སེམས་དཔའི་གཟུགས་སུ་སྣང་ངོ་། བྱང་[a4]ཆུབ་སེམས་དཔའ་རྣམས་དང་། མི་མཇེད་ཀྱི་བདག་པོ་(a2)ཚངས་པ་དང་། ལྷའི་དབང་པོ་བརྒྱ་བྱིན་དང་། ཀླུའི་འཁོར་དང་ཁྱེད་ཐམས་ཅད་ཀྱིས་དེ་ལ་མཆོད་པ་གྱིས་ཤིག །དེ་[a5]ལ་བརྙས་པར་མ་བྱེད་ཅིག །ལྷ་དང་མི་ཐམས་ཅད་ཀྱིས་རྟག་ཏུ་མཆོད་པ་གྱིས་ཤིག །མིང་ཡང་བརྗོད་ཅིག་དང་། དགེ་བའི་རྩ་བ་སྐྱེ་ཞིང་སྡིག་པ་དུ་མ་ཡང་(a3)འབྱུང་བར་འགྱུར་རོ། །ལུས་[a6]ཞིག་སྟེ་ཤི་བའི་འོག་ཏུ་དེ་བཞིན་གཤེགས་པ་འོད་དཔག་མེད་ཀྱི་སངས་རྒྱས་ཀྱི་ཞིང་

འཇིག་རྟེན་གྱི་ཁམས་བདེ་བ་ཅན་དུ་སྐྱེ་བ་འཛིན་པར་འགྱུར་རོ།།

§ 48

（漢）佛告阿難。此觀世音菩薩所説神呪眞實不虛。若欲請此菩薩來。呪拙具羅香三七遍燒菩薩即來拙具羅香安息香也。若有猫兒所著者。取弭哩吒那死猫兒頭骨也燒作灰。和淨土泥。捻作猫兒形。於千眼像前。呪鑌鐵刀子一百八遍。段段割之亦一百八段。遍遍一呪一稱彼名。即永差不著。

(sde dge, 690)

(80b1)[325a2]།བཅོམ་ལྡན་འདས་ཀྱིས་ཚེ་དང་ལྡན་པ་ཀུན་(80b2)དགའ་བོ་ལ་འདི་སྐད་ཅེས་བཀའ་སྩལ་ཏོ། །ཀུན་དགའ་བོ་སྤྱན་རས་གཟིགས་དབང་ཕྱུག་གིས་སྨྲས་པའི་གསང་སྔགས་འདི་ནི་དེ་བཞིན་[a3]ནོ(N:དུ)། །མ་ནོར་བ་དེ་བཞིན་ནོ། །དོན་ཡོད་པའོ། །སུ་བྱང་ཆུབ་སེམས་དཔའ་འགུགས་པར་འདོད་པ་དེས། གུ་གུལ་གྱི་བདུག་པ་ལ་ལན་ཉི་ཤུ་རྩ་གཅིག་(b3)བཟླས་བརྗོད་བྱས་ཏེ་བསྲེགས་[a4]ན། བྱང་ཆུབ་སེམས་དཔའ་དེར་འོང་བར་འགྱུར་རོ། །སུ་ཞིག་བྱི་ལའི་གདོན་གྱིས་ཟིན་པར་གྱུར་ན། བྱི་ལའི་མགོ་རུས་བླངས་ཏེ་བསྲེགས་ལ་(D:ལས་)གཙང་མ་དང་། ཐལ་བ་ཞིབ་མོ་[a5]དང་བསྲེས་(N:བསྲེ་)ཏེ་རུས་སྦྲུས་ལ་བྱི་ལའི་གཟུགས་བྱས་ཏེ། བྱང་ཆུབ་སེམས་དཔའ་(b4)མིག་སྟོང་ལྡན་གྱི་མདུན་དུ་ཤུར་མོའི་རལ་གྲི་ལ་ལན་བརྒྱ་རྩ་བརྒྱད་བཟླས་བརྗོད་བྱས་ཏེ། རལ་[a6]གྲི་དེས་བྱི་ལའི་གཟུགས་དེ་བརྒྱ་རྩ་བརྒྱད་དུ་གཏུབས་ལ་དུམ་བུ་རེ་རེ་ལ་ཡང་ལན་རེ་བཟླས་བརྗོད་བྱས་ཤིང་མིང་ནས་ཀྱང་བརྗོད་ན། ཇི་སྲིད་འཚོའི་བར་དུ་མི་ལྡང་ངོ།

§ 49

（漢）若爲蠱毒所害者取藥劫布羅龍腦香也和拙具羅香。各等分。以井華水一升。和煎取一升。於千眼像前呪一百八遍。服即差。

(sde dge, 690)

།སུ་ཞིག་ཏ་ལ་[a7]ཏ་ལའི་དུག་ཟོས་ན།(b5)དེས་གུ་གུལ་གྱི་བདུག་པ་དང་། ག་བུར་ཆ་
བསྣམས་ཏེ་ཁྲོན་པའི་ཆུ་ལྷག་མར་མ་གྱུར་པ་དང་། བསྐོལ་བ་ཁྱོར་གང་ཙམ་ལུས་པ་དང་།
བྱང་ཆུབ་སེམས་[325b1]དཔའ་མིག་སྟོང་ལྡན་གྱི་མདུན་དུ་ལན་བརྒྱ་རྩ་བརྒྱད་བཟླས་
བརྗོད་བྱས་ཏེ་འཐུངས་ན། དུག་ལས་སོས་པར་འགྱུར་རོ།

§ 50

（漢）若爲惡蛇蠍所螫者。取乾薑末呪一七遍。著瘡中立即除差。

(sde dge, 690)

སུ་ཞིག་སྦྲུལ་(b6)དང་། སྡིག་ཆགས་ཀྱུ་ཙ་ལིང་གས་ཟིན་པར་གྱུར་ན། [b2]སྒ་ཕྱེ་ལ་ལན་
བདུན་བཟླས་བརྗོད་བྱས་ཏེ། རྨ་ཁར་བཏབ་ན་སོས་པར་འགྱུར་རོ།

§ 51

（漢）若爲惡怨橫相謀書者。取淨土或麵或蝋捻作本形。於千眼像前。呪鑌鐵刀一百八遍。一呪一截一稱彼名。燒盡一百八段。彼即歡喜終身厚重相愛敬。

(sde dge, 690)

།སུ་ཞིག་སྡིག་པའི་འཚེ་བ་དང་། སྐྱུར་བ་འདེབས་པས་མི་གཞན་ལ་འཚེ་ན། དེས་ས་གཙང་
མ[b3]འམ། བག་ཕྱེའམ། སྤྲ་ཚིལ་ལས་དེའི་གཟུགས་(b7)བྱས་ལ། བྱང་ཆུབ་སེམས་དཔའ་
མིག་སྟོང་ལྡན་གྱི་མདུན་དུ་ཨུར་མོའི་རལ་གྲི་ལ་ལན་བརྒྱ་རྩ་བརྒྱད་དུས་གཅིག་ཏུ་བཟླས་

[b4]བརྗོད་བྱས་ཏེ། སྙིང་པོ་བརྗོད་ལ་དུམ་བུར་བཏུགས་ཏེ། དེའི་མིང་ནས་བརྗོད་ཅིང་ལན་བརྒྱ་རྩ་བརྒྱད་སྦྱིན་སྲེག་བྱས་ན། དགའ་བར་འགྱུར་ཏེ། ཇི་སྲིད་འཚོ་བའི་བར་(81a1)དུ་མཛའ་བར་[b5]འགྱུར་རོ།

§ 52

（漢）若有患眼睛壞者。若青盲眼暗者。若白暈赤膜無光明者。取訶梨勒果菴摩勒果鞞醯勒果三種各一顆。擣破細研。當研時唯須護淨。莫使新産婦人及猪狗見。口中念佛。以白蜜若人乳汁。和封眼中。著其人乳要須男孩子母乳。女母乳不成。其藥和竟。還須千眼像前呪一千八遍。著眼中滿七日。在深室慎風。眼睛還生。青盲白暈者光奇盛也。

(sde dge, 690)

།སུ་ཞིག་མིག་ཉམས་ཏེ་ཞོངས་པའི་བར་དུ་གྱུར་པ་དང་། སུ་ཞིག་མིག་གི་(N:གིས་)འབྲས་བུའི་སྟེང་དུ་ལིང་ཐོག་བྱུང་བ་དང་། མིག་རུ་(D:ཏུ་)སྐྱེས་ཏེ་མི་མཐོང་བར་གྱུར་པ་དེས་ཨ་རུ་ར་[b6]གཅིག་དང་། བ་རུ་ར་གཅིག་དང་། སྐྱུ་རུ་ར་གཅིག་ཞིབ་ཏུ་བཏགས་ལ་སྦྲང་རྩི་དཀར་(a2)པོ་དང་། ཁྱེའུ་ནུ་བའི་འོ་མ་དང་སྦྱར་བར་བྱ་སྟེ། སྦྱོར་བའི་ཚེ་སངས་རྒྱས་ཀྱི་མཚན་ནས་[b7]བརྗོད་ཅིང་། བུ་གསར་དུ་བཙས་པའི་བུད་མེད་དང་། ཁྱི་དང་། ཕག་གིས་མ་མཐོང་བར་བྱས་ལ་རིལ་བུར་བྱས་ཏེ། བྱང་ཆུབ་སེམས་དཔའ་མིག་སྟོང་ལྡན་གྱི་མདུན་དུ་ལན་[326a1]སྟོང་རྩ་བརྒྱད་བཟླས་(a3)བརྗོད་བྱས་ལ། གནས་དབེན་པ་རླུང་མི་འོང་བར་འདུག་སྟེ། ཉི་མ་བདུན་གྱི་བར་དུ་སྨན་དེ་མིའི་འོ་མ་དང་། སྦྲང་རྩི་དང་བརྡར་བ་(N:བ་དང་བདར་)[a2]མིག་ཏུ་བླུགས་ན། མིག་གི་འབྲས་བུ་སྐྱེའོ། ལིང་ཐོག་(ཏོག་)མེད་པར་འགྱུར་ཞིང་ལེགས་པར་མཐོང་བར་འགྱུར་རོ།

§ 53

（漢）若患瘧病著者。取虎豹犲狼皮呪三七遍。披著身上即差。師子皮最上。

(sde dge, 690)

སུ་གྲང་བའི་རིམས་ཀྱིས་བཏབ་པའི་ཚེད་དུ།(a4)སྟག་ལྤགས་སམ། [a3]གཟིགས་ལྤགས་སམ། དྲེད་ལྤགས་སམ། དོམ་ལྤགས་སམ། སྤྱང་ལྤགས་ལ་ལན་ཉི་ཤུ་རྩ་གཅིག་བཟླ་བརྗོད་བྱས་ཏེ། གྲང་བའི་རིམས་ཀྱིས་བཏབ་པ་ལ་བསྒོན་ན་རིམས་[a4]སོས་པར་འགྱུར་རོ། སེང་གེའི་ལྤགས་(D:པགས་)པ་ནི་ཐམས་ཅད་ཀྱི་ཆོག་གོ།

§ 54

（漢）若被蛇螫。取被螫人結𦢊。呪三七遍。著瘡中即差。

(sde dge, 690)

།གལ་(a5)ཏེ་སྦྲུལ་གྱིས་ཟིན་ན་མི་དེ་ཉིད་ཀྱི་སྐྲ་བཅད་ལ་ལན་ཉི་ཤུ་རྩ་གཅིག་བཟླས་བརྗོད་བྱས་ཏེ། དུག་གི་རྨ་ཁར་[a5]བཞག་ན་སོས་པར་འགྱུར་རོ།

§ 55

（漢）若患惡瘧入心悶絶欲死者。取桃膠一顆。大小亦如桃顆。清水一升和煎取半升呪。七遍頓服盡即差。其藥莫使婦人煎。

(sde dge, 690)

།སུ་ཞིག་སྙིང་ན་ཞིང་མི་དྲན་ནམ། འཆི་འདོད་པར་གྱུར་ན། ཤིང་སླེ་མ་ཏ་ཀའི་ཐང་ཆུ་སྟར་ཀ་ཙམ་ཆུ་གཙང་མ་དང་བསྐོལ་ཏེ་ཕྱེད་དུ་བ་དང་ལན་[a6]བདུན་བཟླས་(a6)བརྗོད་བྱས་ལ་འཐུངས་ན། ཐམས་ཅད་བདེ་བར་འགྱུར་རོ། བུད་མེད་ཀྱིས་བསྐོལ་བར་མི་བྱའོ།

§ 56

（漢）若患傳屍鬼氣伏屍連病者。取拙具羅香呪三七遍。燒熏鼻孔中。又取七丸如免(兔)糞。呪三七遍呑即差。愼酒肉五辛及惡罵。

(sde dge, 690)

།སྲུ་ཞིག་འབྱུང་པོའི་གདོན་གྱིས་ཟིན་ཏམ། མི་མ་ཡིན་པས་[a7]བཏབ་པའི་ནད་ཀྱིས་བཏབ་པར་གྱུར་ན། གུ་གུལ་གྱི་བདུག་པ་ལ་ལན་ཉི་ཤུ་རྩ་གཅིག་བཟླས་བརྗོད་བྱས་ཏེ་སྣར་(a7)བླུགས་སོ། ཡང་ན་རི་བོང་གི་རྟུག་པ་ཙམ་གྱི་རིལ་བུར་[326b1]བྱས་ལ་ལན་ཉི་ཤུ་རྩ་གཅིག་བཟླས་བརྗོད་བྱས་ཏེ་བཟའོ། ཤ་དང་། ཆང་དང་། སྒོག་པ་དང་། འཐབ་མོ་སྤང་ངོ་། འོན་ཏང་སོས་པར་འགྱུར་རོ།

§ 57

（漢）若取摩那屎羅雄黄是也和白芥子印成鹽。呪三七遍。於病兒床下燒。其作病兒即魔掣迸走不敢住也。

(sde dge, 690)

།ཡང་ན་ལྡོང་རོས་དང་། ཡུངས་ཀར་དང་། ལན་ཚྭ་[b2]དཀར་པོ་(81b1)བསྲེས་ལ་ལན་ཉི་ཤུ་རྩ་གཅིག་བཟླས་བརྗོད་བྱས་ཏེ། ནད་པའི་མལ་གྱི་འོག་ནས་བདུགས་(N:བདུག་)ན། ནད་གནོད་པའི་འབྱུང་པོ་མྱུར་དུ་འབྲོས་ཏེ། ལུས་འཇིག་ཅིང་དེར་འདུག་མི་ནུས་པར་འགྱུར་རོ།

§ 58

（漢）若患耳聾者。呪胡麻油著耳中即差。

(sde dge, 690)

Lacking

§ 59

（漢）若患一邊偏風耳鼻不通手脚不隨者。取胡麻油煎青木香。呪三七遍。摩拭身上永得除差。又方取純牛酥。呪三七遍摩亦差。

(sde dge, 690)

[b3]གལ་ཏེ་གཞོགས་(N:གཞོག་)ཕྱེད་ནའམ། གཞོགས་ཕྱེད་ཉམས་སམ། རྣ་བ་འོན་ནམ། རྐང་ལག་འགུལ་མི་(b2)ནུས་པར་གྱུར་ན། ཏིལ་མར་གྱི་ནང་དུ་རུ་རྟ་བཙོས་ལ། ལན་ཉི་ཤུ་རྩ་གཅིག་བཟླས་བརྗོད་[b4]བྱས་ཏེ་བསྐུས་ན་སོས་པར་འགྱུར་རོ། ཡང་ན་བ་མར་གཅིག་བུ་ལ་ལན་ཉི་ཤུ་ རྩ་གཅིག་བཟླས་བརྗོད་བྱས་ཏེ། བསྐུས་ན་སོས་པར་འགྱུར་རོ།

§ 60

（漢）若患難産者。取胡麻油呪三七遍。摩産婦臍中及玉門中即易生。若婦人懷妊子死腹中。取阿波末利伽草牛膝草也一大雨(兩)。清水二升和煎取一升。呪三七遍。服即出一無苦痛。胎衣不出者。亦服此藥即差。

(sde dge, 690)

བུད་མེད་ལ་ལ་ཞིག་བུ་འབྱུང་ཤིན་ཏུ་[b5]དཀའ་(b3)ན། ཏིལ་མར་ལ་ལན་ཉི་ཤུ་རྩ་གཅིག་བཟླས་བརྗོད་བྱས་ཏེ། ལྟོ་བའམ། ལྟེ་བར་བསྐུས་ན་མྱུར་དུ་འབྱུང་ངོ། གང་གི་མངལ་དུ་བུ་འཆི་ན་ཤིང་ཨ་པ་མ་ཀ་སྤང་གཅིག་ཆུ་[b6]ཁྱོར་དོའི་ནང་དུ་བསྐོལ་ལ་ཕྱེད་ལུས་པ་དང་། དེ་ལ་ལན་ཉི་ཤུ་རྩ་གཅིག་བཟླས་བརྗོད་བྱས་ཏེ་འཐུངས་ན། (b4)གནོད་པ་མེད་པར་འབྱུང་

བར་འགྱུར་རོ། ཤ་མ་(N:མོ་)མི་འབྱུང་ན་ཡང་སྨན་[b7]དེ་ལ་བཟླས་བརྗོད་བྱའོ།

§ 61

（漢）若卒患心痛不可忍者。名遁屍疰。取君柱魯香薰陸香乳頭成者一顆。呪三七遍。口中嚼咽不限多少。令變吐即差。愼五辛酒肉。

(sde dge, 690)

།ལ་ལ་ཞིག་ཤི་ལ་ཐུག་པ་ཙམ་དུ་སྙིང་ན་སྟེ། མནགས་མི་བཟོད་ན་ཏུ་རུ་ཥྐ་དང་། དབྱི་མོ་ཆ་
བསྣམས་ཏེ་བསྲེས་(N:བསྲེགས་)ལ་ལན་ཉི་ཤུ་རྩ་གཅིག་བཟླས་བརྗོད་བྱས་[327a1]ཏེ་སོ་
ལ་བརྒྱུ་ཞིང་མིད་ལ་སྐྱུགས་(b5)སྐྱུགས་ཀྱི་བར་དུ་བྱས་ན་སོས་པར་འགྱུར་རོ། སྒོག་པ་རྣམ་
དགུ་དང་། ཤ་དང་། ཆང་སྤང་བར་བྱའོ།

§ 62

（漢）若被火燒瘡。取熱瞿摩夷烏牛屎也呪三七遍。塗瘡上即差。

(sde dge, 690)

མེས་ཚིག་ན་[a2]བ་ནག་མོའི་ལྕི་བ་དྲོན་པོ་ལ་ལན་ཉི་ཤུ་རྩ་གཅིག་བཟླས་བརྗོད་བྱས་ཏེ། རྨ་
ཁར་སྐྱན་ན་སོས་པར་འགྱུར་རོ།

§ 63

（漢）若患蛔蟲齩心。取骨魯末遮白馬尿也半升。呪三七遍服即差。重者一升。蟲如綟索出來。

(sde dge, 690)

ལ་ལ་ཞིག་སྲོག་ཆགས་རིང་པོ་སྙིང་ལ་ཟ། ཧ་དཀར་(b6)པོའི་གཅིན་ཁྲོར་ཕྱེད་[a3]ལ་ལན་
ཉི་ཤུ་རྩ་གཅིག་བཟླས་བརྗོད་བྱས་ཏེ་འཐུངས་ན། སྲོག་ཆགས་དེ་འབྱུང་ངོ་། །གལ་ཏེ་ནད་(N:
ན་)ཚབས་ཆེ་ན་ཁྲོར་གང་འཐུངས་ན། སྲོག་ཆགས་ཐག་པ་སྲིག་འབྱུང་ངོ་།

§ 64

（漢）若患丁瘡者。取凌鎖葉擣取汁。呪三七遍。瀝著瘡上即拔根出立差。若患蠅螫眼中。骨魯怛佉新驢屎也濾取汁。呪三七遍。夜臥著眼中即差。

(sde dge, 690)

གལ་ཏེ་འབྲས་[a4]དྲག་པོ་བྱུང་ན། རམས་ཀྱི་ལོ་མ་བརྡུངས་ཏེ་ཁུ་བ་བཙིར་ལ་དེ་ལ་ལན་
(b7)ཉི་ཤུ་རྩ་གཅིག་ཏུ་བཟླས་བརྗོད་བྱས་ཏེ་རྨ་ཁར་གཏོར་ན་རྩ་བ་དང་བཅས་ཏེ་འབྱུང་
ངོ་། །ལ་ལ་ཞིག་མིག་ལ་སྦྲང་[a5]བུས་ཐོས་པར་གྱུར་ན། བོང་བུའི་རྟུག་པ་གསར་དུ་བྱུང་བ་
བཙིར་ཏེ། ཁུ་བ་ལ་ལན་ཉི་ཤུ་རྩ་གཅིག་བཟླས་བརྗོད་བྱས་ཏེ། དགོང་(D:དགོངས་)སུ་ཉལ་
ཀར་མིག་ཏུ་བླུགས་ན་སོས་(82a1)པར་འགྱུར་[a6]རོ།

§ 65

（漢）若患腹中痛。和井華水和印成鹽三七顆。呪三七遍。服半升即差。

(sde dge, 690)

།ལ་ལ་ཞིག་ལྟོ་[N:བ་]ན་ན་ཁྲོན་པའི་ཆུ་ལྷག་མར་མ་གྱུར་བ་ལ་ལན་ཉི་ཤུ་རྩ་གཅིག་བཟླས་
བརྗོད་བྱས་པའི་ནང་དུ་ལན་ཚྭ་དཀར་པོ་ལ་ལན་ཉི་ཤུ་རྩ་གཅིག་བཟླས་བརྗོད་བྱས་ལ་[a7]
བཏབ་སྟེ། ཁྲོར་ཕྱེད་འཐུངས་ན་སོས་པར་འགྱུར་རོ།

§ 66

（漢）若患赤眼者。及眼中有努肉及有翳者。取奢奢彌葉苟杞葉也擣濾取汁。呪三七遍。浸青錢一宿更呪七遍。著眼中即差。

(sde dge, 690)

།སུའི་མིག་ལ་མིག་ནག་ཆགས་སམ། རབ་རིབ་བམ།(a2)རྩ་དམར་པར་གྱུར་ན། ཤིང་ཤམ་སྦུ་ཀའི་ལོ་མ་བཙིར་ཏེ། དེའི་[327b1]ཁུ་བ་ལ་ལན་བདུན་བཟླས་བརྗོད་བྱས་ལ་ནང་དུ་འགྲོན་(N:མགྲོན་)བུ་བཅུག་སྟེ། ཞག་གཅིག་བཞག་ལ་ནང་པར་ཡང་ལན་བདུན་བཟླས་བརྗོད་བྱས་ཏེ། མིག་ཏུ་བླུགས་ན་ཕན་ནོ།

§ 67

（漢）若患畏夜不安恐怖出入驚怕者。取白線作索。呪三七遍。作二十一結繫項。恐怖即除。非但除怖亦得滅罪。

(sde dge, 690)

།སུ་ཞིག་མཚན་མོ་(N:པོ་)འཇིགས་[b2]ཤིང་མི་བདེ་ལ་སྐྲག་ན། སྐུད་(a3)པ་དཀར་པོ་ལ་ལན་ཉི་ཤུ་རྩ་གཅིག་བཟླས་བརྗོད་བྱས་ཏེ། མདུད་པ་ཉི་ཤུ་རྩ་གཅིག་བོར་ལ་མགུལ་དུ་བཏགས་ན་འཇིགས་པར་མི་འགྱུར་རོ། ལས་རྣམས་[b3]ཀྱང་བྱང་བར་འགྱུར་རོ།

§ 68

（漢）若家内横起災難者。取石榴枝寸截一千八段。兩頭塗酥酪蜜。一呪一燒盡千八遍一切災難悉皆除滅。要在佛前作之。

(sde dge, 690)

ཁྱིམ་ཞིག་ཏུ་གློ་བུར་དུ་གནོད་པ་དག་བྱུང་ན། བལ་པོ་སེའུའི་ཤིང་གི་ཐུག་མ་སོར་གཉིས་ཀྱི་ཚད་དུ་གཏུབས་པ་(a4)སྟོང་རྩ་བརྒྱད་བྱས་ལ། བ་མར་དང་། ཞོ་དང་། སྦྲང་[b4]རྩི་སྣོད་ཅིག་ཏུ་བླུགས་པ་དྲུང་དུ་བཞག་སྟེ། ཐུག་མའི་དུམ་བུ་ཅིག་བླངས་ལ་ལན་ཅིག་(N:གཅིག་)བཟླས་ཏེ། རྩེ་མོ་གཉིས་མར་དུ་སྐུགས་ལ་སྲེག་གོ། དེ་བཞིན་དུ་ཐུག་མའི་དུམ་བུ་ཐམས་ཅད་[b5]བསྲེགས་ན། ཡམས་ཀྱི་ནད་ཐམས་ཅད་(a5)མེད་པར་འགྱུར་རོ། །ལས་འདི་ནི་སངས་རྒྱས་ཀྱི་སྤྱན་སྔར་བྱའོ།

§ 69

（漢）若取白菖蒲呪三七遍。繫著右臂上。一切鬪處論義處皆得勝他。

(sde dge, 690)

།ཤུ་དག་དཀར་པོ་ལ་ལན་བརྒྱ་རྩ་བརྒྱད་བཟླས་བརྗོད་བྱས་ཏེ། དཔུང་པ་གཡས་[b6]པར་ཐོགས་ན་ཐབ་མོའམ། འགྱེད་པའི་ཚེ་རྒྱལ་བར་འགྱུར་རོ།

§ 70

（漢）若取奢奢彌葉枝柯寸截。兩頭塗眞牛酥白蜜牛酥。一呪一燒盡一千八段。日別三時時別一千八遍。滿七日呪師自悟通智也。

(sde dge, 690)

།ཤིང་ཤམ་སྦྱ་ཀའི་ལོ་མ་དང་བཅས་པ་སོར་གཉིས་ཀྱི་ཚད་གཏུབས་ལ་ཚོ་ག་གོང་(a6)མ་བཞིན་དུ་སྦྱིན་སྲེག་(N:བསྲེག་)བྱའོ། །ཉི་མ་[b7]གཅིག་ལ་དུས་གསུམ་དུ་ལན་སྟོང་རྩ་བརྒྱད་སྦྱིན་སྲེག་(N:བསྲེག་)བྱའོ། །གལ་ཏེ་ཉི་མ་བདུན་དུ་དེ་བཞིན་བྱས་ན། དངོས་གྲུབ་འཐོབ་བོ། །འཕགས་པའི་ལམ་ཡང་སྐྱེའོ།

§ 71

（漢）若欲降伏大力鬼神者。取阿唎瑟迦柴木患子也呪七七遍。火中燒。還須塗酥酪蜜。要須於大悲心像前作之。

(sde dge, 690)

།གལ་ཏེ་འབྱུང་པོ་[328a1]རྫུ་འཕྲུལ་ཆེན་པོ་ལས་རྒྱལ་བར་འདོད་ན། ལུང་(N:ལིང་)ཏང་གི་ཤིང་ལ་ལན་(a7)བཞི་བཅུ་རྩ་དགུ་བཟླས་བརྗོད་བྱས་ལ་བ་མར་དང་། ཞོ་དང་། སྦྲང་རྩི་དང་སྦྱིན་སྲེག་བྱས་ཏེ། [a2]བྱང་ཆུབ་སེམས་དཔའི་མདུན་དུ་བྱའོ།

§ 72

（漢）若取胡嚧遮那牛黄是也一大兩。著琉璃瓶中。置大悲心像前。呪一百八遍。塗身點額一切天龍鬼神人及非人皆悉歡喜也。

(sde dge, 690)

།གླང་དཀར་པོའི་གིཝུ་ལྷང་(D:ཕྱང་)སྲང་གཅིག་མཐིང་བུའི་སྣོད་དུ་བཅུག་ལ། བྱང་ཆུབ་སེམས་དཔའི་མདུན་དུ་ལན་སྟོང་རྩ་བརྒྱད་བཟླས་བརྗོད་བྱ་སྟེ། ཡན་[a3]ལག་(82b1)རྣམས་ལ་བསྐུས་ལ། དཔྲལ་བར་ཐིག་ལེ་བྱས་ན། ལྷ་ཀླུ་དང་འབྱུང་པོ་དང་། མི་ཐམས་ཅད་དགའ་བར་(N:དགའ་)འགྱུར་རོ།

§ 73

（漢）若有身被枷鎖者。取白鴿糞呪一百八遍。塗於手上用摩枷鎖。枷鎖自脱也。

(sde dge, 690)

།གང་དག་ཞེས་བྱུང་སྟེ་ལྟུགས་སྒྲོག་དང་། ཤིང་སྒྲོག་ཏུ་བཅུག་[a4]ན། ཐུག་རོན་གྱི་རྟུག་པ་ལ་ལན་བརྒྱ་རྩ་བརྒྱད་བཟླས་བརྗོད་བྱས་ཏེ། ལག་པ་ལ་ཡང་བསྐུའོ། །(b2)ལྟུགས་སྒྲོག་དང་། ཤིང་སྒྲོག་ལ་ཡང་རེག་པར་བྱས་ན་ཐར་པར་འགྱུར་རོ།

§ 74

（漢）若有夫婦不和狀如水火者。取鴛鴦尾。於大悲心像前呪一千八遍。帶彼即終身歡喜相愛敬。

(sde dge, 690)

[a5]།གལ་ཏེ་ཁྱོ་ཤུག་མི་དང་ཆུ་ལྟར་མི་མཐུན་པར་གྱུར་ན། བྱང་ཆུབ་སེམས་དཔའི་མདུན་དུ་ངུར་པའི་མཇུག་སྒྲོ་ལ་ལན་སྟོང་རྩ་བརྒྱད་བཟླས་བརྗོད་བྱས་ཏེ། ལུས་ལ་ཐོགས་ན་ཇི་སྲིད་[a6]འཚོའི་བར་དུ་འདུམ་(b3)པར་འགྱུར་རོ།

§ 75

（漢）若有被蟲食田苗及五果子者。取淨灰淨沙或淨水。呪三七遍。散田苗四邊蟲即退散也。果樹兼呪水灑者樹上。蟲不敢食果也。

(sde dge, 690)

གལ་ཏེ་སྲོག་ཆགས་དག་ལོ་ཏོག་ཕུང་བར་བྱེད་ན། ཐལ་བ་གཙང་མའམ། བྱེ་མ་གཙང་མ་ལ་ལན་སྟོང་རྩ་བརྒྱད་བཟླས་བརྗོད་བྱས་ལ། [a7]མི་ཏོག་ཀུན་ཏུ་གཏོར་ན། སྲོག་ཆགས་རྣམས་ཕྱིར་ལྡོག་པར་འགྱུར་རོ། །གལ་ཏེ་སྲོག་ཆགས་དག་ཤིང་ཏོག་ལ་ཟ་ན།(b4)ཆུ་ལ་བཟླས་བརྗོད་བྱས་ཏེ། ཤིང་རྣམས་ལ་གཏོར་ན་འབྲས་བུ་[328b1]ལ་མི་ཟའོ།

§ 76

（漢）佛告阿難。若爲富饒種種珍寶資具者。當於如意珠手。若爲種種不安求安隱者。當於羂索手。若爲腹中諸病。當於寶鉢手。若爲降伏一切魍魎鬼神者。當於寶劍手。若爲降伏一切天魔神者。當於跋折羅手。若爲摧伏一切怨敵者。當於金剛杵手。若爲一切處怖畏不安者。當於施無畏手。若爲眼闇無光明者。當於日精摩尼手。若爲熱毒病求清涼者。當於月精摩尼手。若爲榮官益職者。當於寶弓手。若爲諸善朋友早相逢者。當於寶箭手。若爲身上種種病者。當於楊枝手。若爲除身上惡障難者。當於白拂手。若爲一切善和眷屬者。當於胡瓶手。若爲辟除一切虎狼豺豹諸惡獸者。當於旁牌手。若爲一切時處好離官難者。當於斧鉞手。若爲男女僕使者。當於玉環手。若爲種種功德者。當於白蓮華手。若爲欲得往生十方淨土者。當於清(青)蓮華手。若爲大智慧者。當於寶鏡手。若爲面見十方一切諸佛者。當於紫蓮華手。若爲地中伏藏者。當於寶篋手。若爲仙道者。當於五色雲手。若爲生梵天者。當於軍遲手。若爲往生諸天宮者。當於紅蓮華手。若爲辟除他方逆賊者。當於寶戟手。若爲召呼一切諸天善神者。當於寶螺手。若爲使令一切鬼神者。當於髑髏杖手。若爲十方諸佛速來授手者。當於數珠手。若爲成就一切上妙梵音聲者。當於寶鐸手。若爲口業辭辯巧妙者。當於寶印手。若爲善神龍王常來擁護者。當於俱尸鐵鉤手。若爲慈悲覆護一切衆生者。當於錫杖手。若爲一切衆生常相恭敬愛念者。當於合掌手。若爲生生之衆不離諸佛邊者。當於化佛手。若爲生生世世常在佛宮殿中。不處胎藏中受身者。當於化宮殿手。若爲多聞廣學者。當於寶經手。若爲從今身至佛身菩提心常不退轉者。當於不退金輪手。若爲十方諸佛速來摩頂授記者。當於頂上化佛手。若爲果蓏諸穀稼者。當於蒲萄手。

(sde dge, 690)

(78a3)[321a6]།དེ་ནས་བཅོམ་ལྡན་འདས་ཀྱིས་[a7]ཚེ་དང་ལྡན་པ་ཀུན་དགའ་བོ་ལ་
འདི་སྐད་ཅེས་བཀའ་སྩལ་ཏོ། །སུ་ནོར་བུ་དང་།(a4)འབྲས་བུ་དང་།རིན་པོ་ཆེ་དང་ཡོ་བྱད་
འདོད་པ་དེས། ཡིད་བཞིན་གྱི་ནོར་བུ་རིན་པོ་ཆེ་ཐོགས་པའི་[321b1]ལག་པ་ལ་བལྟས་ཏེ་
འདུག་པར་བྱའོ། །སུ་ནད་སྣ་ཚོགས་ཀྱིས་བཏབ་སྟེ། ནད་མེད་པར་འདོད་པ་དེས་དོན་ཡོད་
པའི་ཞགས་པ་ཐོགས་པའི་ལག་པ་ལ་བལྟས་ཏེ་འདུག་པར་བྱའོ། །སུ་(a5)ལྟོ་ན་[b2]བ་དེས་
རིན་པོ་ཆེའི་ལྷུང་བཟེད་ཐོགས་པའི་ལག་པ་ལ་བལྟས་ཏེ་བསམ་པར་བྱའོ། །སུ་འབྱུང་པོ་
རྣམས་དང་བགེགས་བྱེད་པའི་ལྷ་ལ་སོགས་པ་གདུལ་བར་འདོད་པ་དེས། རིན་པོ་ཆེའི་རལ་གྲི་
[b3]ཐོགས་པའི་ལག་པ་ལ་བལྟས་ཏེ་འདུག་པར་བྱའོ། །སུ་འདོད་པའི་དབང་ཕྱུག་བདུད་
འདུལ་(a6)བར་འདོད་པ་དེས། རྡོ་རྗེ་ཐོགས་པའི་ལག་པ་ལ་བལྟས་ཏེ་འདུག་པར་བྱའོ། །སུ་
དགྲ་ཚར་གཅོད་[b4]པར་འདོད་ན་དེས། རྡོ་རྗེ་ཅན་གྱི་གཏུན་ཤིང་ཐོགས་པའི་ལག་པ་ལ་
བལྟས་ཏེ་འདུག་པར་བྱའོ། །སུ་ཐམས་ཅད་དུ་འཇིགས་པར་གྱུར་ཏེ། བདེ་བ་མ་ཐོབ་པ་དེས་
མི་འཇིགས་པ་སྦྱིན་པའི་(a7)[b5]ལག་པ་ལ་བལྟ་བར་བྱའོ། །སུ་མིག་ན་ཞིང་མཐོང་བ་
ཉམས་པ་དེས་ནོར་བུ་རིན་པོ་ཆེ་མེ་ཤེལ་ཐོགས་པའི་ལག་པ་ལ་བལྟས་ཏེ་འདུག་པར་བྱའོ།
།སུ་ཚ་བའི་ནད་ཀྱིས་བཏབ་པ་དང་། དུག་[b6]འཐེངས་པ་དེས་ནོར་བུ་རིན་པོ་ཆེ་ཆུ་ཤེལ་
ཐོགས་པའི་ལག་པ་ལ་བལྟ་བར་བྱའོ། །སུ་བདག་(78b1)པོ་དང་རྙེད་པ་དང་། གོ་འཕང་
འདོད་པ་དེས། རིན་པོ་ཆེའི་གཞུ་ཐོགས་པའི་ལག་པ་ལ་[b7]བསམ་པར་བྱའོ། །སུ་གྲོགས་
པ་ཕྱུག་པ་མྱུར་དུ་ཕྲད་པར་འདོད་པ་དེས། །རིན་པོ་ཆེའི་མདའ་ཐོགས་པའི་ལག་པ་ལ་
དམིགས་པར་བྱའོ། །སུ་ལུས་ལ་ནད་སྣ་ཚོགས་ཀྱིས་བཏབ་པ་དེས། [322a1]མེ་ཏོག་(b2)གི་
སྙེ་མ་ཐོགས་པའི་ལག་པ་ལ་བལྟས་ཏེ་འདུག་པར་བྱའོ། །སུ་ལུས་ལ་ལས་ཀྱི་སྒྲིབ་པའི་སྡིག་པ་
རྣམས་ཟད་པར་འདོད་པ་དེས། ཛ་ཡབ་དཀར་པོ་[a2]ཐོགས་པའི་ལག་པ་ལ་བལྟ་བར་
བྱའོ། །སུ་ཉེ་དུ་དང་། གཉེན་འདབ་དང་། བུ་དང་། ཆུང་མ་རྣམས་དང་། སེམས་མཐུན་པར་
འདོད་(b3)པ་དེས། རིལ་བ་སྤྱིང་(N:བིང་)གར་ཐོགས་པའི་ལག་པ་[a3]ལ་བལྟ་བར་

བྱའོ། །སུ་སྟག་དང་། སྤྱང་ཀི་དང་། གཅན་གཟན་མ་རུངས་པ་སྲོང་བར་འདོད་པ་དེས། ཕུབ་
(N:ཕུག་)ཐོགས་པའི་ལག་པ་ལ་བཟླས་ཏེ་འདུག་པར་བྱའོ། །སུ་ཕྱོགས་ཐམས་ཅད་[a4]དུ་
དབང་ཕྱུག་རྣམས་ཀྱིས་གླགས་ལྟ་བ་ཡོངས་སུ་སྤོང་(b4)བར་འདོད་པ་དེས། དགྲ་སྟ་ཐོགས་
པའི་ལག་པ་ལ་བཟླས་ཏེ་འདུག་པར་བྱའོ། །སུ་ཁྱེའུ་དང་བུ་མོ་དང་། བསྐོལ་བར་འདོད་
[a5]པ་དེས། སོར་མོ་ལ་རི་ཐོགས་པའི་ཕྱག་རྒྱའི་ལག་པ་ལ་བཟླས་ཏེ་འདུག་པར་བྱའོ། །སུ་
བསོད་ནམས་དང་དགེ་བའི་ཚོགས་བྱེད་མི་ནུས་པ་དེས། པདྨ་(b5)དཀར་པོ་ཐོགས་པའི་
ལག་པ་[a6]ལ་བཟླས་ཏེ་འདུག་པར་བྱའོ། །སུ་སངས་རྒྱས་ཀྱི་ཞིང་ཡོངས་སུ་དག་པར་སྐྱེ་བར་
འདོད་པ་དེས། པདྨ་སྔོན་པོ་ཐོགས་པའི་ལག་པ་ལ་བཟླས་ཏེ་འདུག་པར་བྱའོ། །སུ་ཡེ་ཤེས་
ཆེན་[a7]པོ་ཐོབ་པར་འདོད་པ་དེས་རིན་པོ་ཆེའི་མེ་ལོང་ཐོགས་པའི་ལག་པ་ལ་(b6)བཟླས་
ཏེ་འདུག་པར་བྱའོ། །སུ་ཕྱོགས་བཅུའི་སངས་རྒྱས་མངོན་སུམ་དུ་མཐོང་བར་འདོད་པ་དེས།
པདྨ་ཐོགས་[322b1]པའི་ལག་པ་ལ་བཟླས་ཏེ་འདུག་པར་བྱའོ། །སུ་སའི་འོག་གི་གཏེར་
རྣམས་ཐོབ་པར་འདོད་པ་དེས་རིན་པོ་ཆེ་ཟ་མ་ཏོག་ཐོགས་པའི་ལག་པ་ལ་བཟླས་ཏེ་འདུག་
པར་བྱའོ། །(b7)སུ་དྲང་སྲོང་གི་ལམ་[b2]རྩོལ་བར་འདོད་པ་དེས། ཆོན་སྔ་ལྡའི་སྤྲིན་ཐོགས་
པའི་ལག་པ་ལ་བཟླས་ཏེ་འདུག་པར་བྱའོ། །སུ་ཚངས་རིས་ཀྱི་ལྷའི་ནང་དུ་སྐྱེ་བར་འདོད་པ་
དེས། རིལ་པ་སྤྱི་བླུགས་ཐོགས་པའི་ལག་[b3]པ་ལ་བཟླས་ཏེ་འདུག་པར་བྱའོ། །སུ་ལྷའི་ནང་
དུ་སྐྱེ་བར་འདོད་པ་དེས།(79a1)མེའི་མདོག་ལྟ་བུའི་པདྨ་ཐོགས་པའི་ལག་པ་ལ་བཟླས་ཏེ་
འདུག་པར་བྱའོ། །སུ་ཡུལ་གཞན་གྱི་དགྲ་ཕྱིར་[b4]ཕྱོགས་པར་འདོད་པ་དེས། རིན་པོ་ཆེའི་
(N:རིན་པོ་ཆེ་)མདུང་རྩེ་གསུམ་པ་ཐོགས་པའི་ལག་པ་ལ་བཟླས་ཏེ་འདུག་པར་བྱའོ། །སུ་ལྷ་
དག་དང་། ཀླུ་དང་། ཡོངས་སུ་སྐྱོང་བ་ཐམས་ཅད་(a2)དགུག་པར་[b5]འདོད་པ་དེས། དུང་
ཐོགས་པའི་ལག་པ་ལ་བཟླས་ཏེ་འདུག་པར་བྱའོ། །སུ་ལྷ་རྣམས་དང་། འབྱུང་པོ་རྣམས་བསྒོ་
བ་བྱེད་པར་འདོད་པ་དེས། ཁྲིའི་ཟུར་ཤིང་ལྟ་བུ་ཐོགས་པའི་[b6]ལག་པ་ལ་བཟླས་ཏེ་འདུག་
པར་བྱའོ། སུ་ཕྱོགས་བཅུའི་སངས་རྒྱས་བཅོམ་ལྡན་འདས་རྣམས་ཀྱིས་(a3)མྱུར་དུ་ལུང་
བསྟན་པར་འདོད་པ་དེས། བགྲང་བའི་ནོར་བུ་ཐོགས་པའི་ལག་པ་[b7]ལ་བཟླས་ཏེ་འདུག་
པར་བྱའོ། །སུ་སྐད་སྙན་ཅིང་ཚངས་པའི་སྒྲ་ལྟ་བུ་འདོད་པ་དེས། རིན་པོ་ཆེའི་དྲིལ་བུ་ཐོགས་

པའི་ལག་པ་ལ་བལྟས་ཏེ་འདུག་པར་བྱའོ། །སུ་དགོས་པ་ཐམས་ཅད་[323a1]དག་པར་
འདོད་པ་དང་། ལྟེ་བདེ་(a4)བ་དང་། མཁས་པར་འདོད་པ་དེས། ཕྱག་རྒྱ་རིན་པོ་ཆེ་ཐོགས་
པའི་ལག་པ་ལ་བལྟས་ཏེ་འདུག་པར་བྱའོ། །སུ་ལྷ་རྣམས་དང་། [a2]ཀླུ་རྣམས་དང་། རྒྱལ་པོ་
རྣམས་ཀྱིས་ཡོངས་སུ་སྲུང་བར་འདོད་པ་དེས། ལྕགས་ཀྱུ་ཐོགས་པའི་ལག་པ་ལ་བལྟས་ཏེ་
འདུག་པར་བྱའོ། །སུ་སེམས་ཅན་ཐམས་ཅད་(a5)ལ་བྱམས་པ་དང་། སྙིང་[a3]རྗེས་ཁྱབ་
པར་འདོད་པ་དེས། འཁར་གསིལ་(N:ཁར་བསིལ་)ཐོགས་པའི་ལག་པ་ལ་བལྟས་ཏེ་འདུག་
པར་བྱའོ། སུ་སེམས་ཅན་ཐམས་ཅད་ཀྱིས་བསྙི་སྙང་བྱ་བ་དང་། དྲན་པར་འདོད་པ་དེས།
ཐལ་མོ་[a4]སྦྱར་བའི་ལག་པ་ལ་བལྟས་ཏེ་འདུག་པར་བྱའོ། །སུ་ཚེ་རབས་ཚེ་རབས་སུ་(a6)
སངས་རྒྱས་དང་མི་འབྲལ་བར་འདོད་པ་དེས། སངས་རྒྱས་ཀྱི་སྤྲུལ་པ་ཐོགས་པའི་ལག་པ་ལ་
བལྟས་ཏེ་འདུག་[a5]པར་བྱའོ། །སུ་སྐྱེ་ཞིང་སྐྱེ་བ་ན་སངས་རྒྱས་རྒྱལ་པོའི་གནས་དང་། ཁང་
བཟངས་(N:བཟང་)སུ་སྐྱེ་ཞིང་མའི་མངལ་དུ་མི་སྐྱེ་བར་འདོད་པ་དེས། སྤྲུལ་པའི་གཞལ་
མེད་ཁང་ཐོགས་པའི་ལག་[a6]པ་(a7)ལ་བལྟས་ཏེ་འདུག་པར་བྱའོ། །སུ་མང་དུ་ཉན་པ་
དང་། མང་དུ་སློབ་པར་འདོད་པ་དེས། གླེགས་བམ་ཐོགས་པའི་ལག་པ་ལ་བལྟས་ཏེ་འདུག་
པར་བྱའོ། སུ་ཚེ་འདི་ནས་བཟུང་[a8]སྟེ། སངས་རྒྱས་ཉིད་ཀྱི་བར་དུ་ཡིད་མི་ལྡོག་(N:
ལོག་)པར་འདོད་པ་དེས། འཁོར་ལོ་ཐོགས་པའི་ལག་པ་ལ་བལྟས་ཏེ་(79b1)འདུག་པར་
བྱའོ། སུ་མི་འཇིགས་པ་ལ་སོགས་པ་སྦྱིན་པ་རྣམ་པ་[323b1]བཞིས་འགྲོ་བ་ཚིམ་པར་འདོད་
པས་མཆོག་སྦྱིན་པའི་ཕྱག་ལ་བལྟས་ཏེ་འདུག་པར་བྱའོ། །སུ་ཕྱོགས་བཅུའི་སངས་རྒྱས་བཅོམ་
ལྡན་འདས་རྣམས་མྱུར་དུ་བྱོན་ཏེ། ཕྱག་གིས་མགོ་ལ་ཉུག་ཅིང་[b2]ལུང་སྟོན་པར་འདོད་པ་
དེས། མགོ་(b2)ལ་སངས་རྒྱས་སྤྲུལ་པ་བཞུགས་པ་ལ་བལྟས་ཏེ་འདུག་པར་བྱའོ། སུ་འབྲུ་དང་།
འབྲས་བུ་ལ་སོགས་པ་བཏབ་ཅིང་བསྐྱེད་པ་རྣམས་ཕུན་སུམ་ཚོགས་[b3]པར་འགྱུར་བར་
འདོད་པ་དེས། དགུན་གྱི་སླེ་མ་ཐོགས་པའི་ལག་པ་ལ་བལྟས་ཏེ་འདུག་པར་བྱའོ།

§ 77

（漢）如是可求之法有其千條。今粗略說少耳

(sde dge, 690)
དེ་ལ་སོགས་པ་འདོད་པའི་དངོས་(b3)པོ་རྣམས་རྣམ་པ་སྟོང་དུ་རིག་པར་བྱ་སྟེ། མདོ་ཙམ་[b4]ཞིག་བསྟན་པ་ཡིན་ནོ།

§ 78

（漢）日光菩薩爲受持大悲心陀羅尼者。說大神呪而擁護之
南無勃陀瞿上聲那上聲迷一南無達摩莫訶低二南無僧伽多夜泥三底丁以切哩部畢薩僧沒切咄登沒切檐納摩
誦此呪滅一切罪。亦能辟魔及除天災。若誦一遍禮佛一拜。如是日別三時誦呪禮佛。未來之世所受身處。當得一一相貌端正可喜果報

(sde dge, 690)
(80a3)[324a7]།དེ་ནས་[324b1]བྱང་ཆུབ་སེམས་དཔའ་ཉི་འོད་ཀྱིས་རིག་སྔགས་དེ་སྲུང་བའི་ཕྱིར། གསང་སྔགས་འདི་སྨྲས་སོ། །སངས་རྒྱས་གཙོ་ལ་ཕྱག་འཚལ་ལོ། །སྐྱོབ་(a4)པའི་ཆོས་ལ་ཕྱག་འཚལ་ལོ། །དགེ་འདུན་ཆེ་ལ་ཕྱག་[b2]འཚལ་ལོ། །གསུམ་ལ་རྟག་ཏུ་ཕྱག་འཚལ་ལོ། །སུས་ཚིགས་སུ་བཅད་པ་འདི་བརྗོད་ན། དེ་སྡིག་པ་ཐམས་ཅད་འབྱང་བར་འགྱུར་རོ། །བགེགས་བྱེད་པ་བདུད་དང་མི་ཐུད་པར་འགྱུར་རོ། །[b3]ཡམས་ཀྱི་ནད་(a5)རྣམས་ཞི་བར་འགྱུར་རོ། །ཉིན་གཅིག་(N:ཅིག་)ལ་དུས་གསུམ་དུ་བརྗོད་ཅིང་། དཀོན་མཆོག་གསུམ་ལ་ཕྱག་འཚལ་ན། དགེ་བའི་རྩ་བ་དེས་ཚེ་རབས་གཞན་ན་གཟུགས་དང་ལྡན་[b4]པར་སྐྱེ་བར་འགྱུར་རོ། །སེམས་ཅན་རྣམས་དགའ་བར་འགྱུར་རོ།

§ 79

（漢）月光菩薩亦復爲諸行人。説陀羅尼呪而擁護之
深低帝屠蘇吒一阿若蜜帝烏都吒二深耆吒三波賴帝四耶彌若吒烏都吒五拘羅帝吒耆摩吒六沙婆訶
誦此呪五遍。取五色線作呪索。痛處繫。此呪乃是過去四十恒河沙諸佛所説。我今亦説。爲諸行人作擁護故。除一切障難故。除一切惡病痛故。成就一切諸善法故。遠離一切諸怖畏故。

(sde dge, 690)
།དེའི་ཚེ་བྱང་ཆུབ་སེམས་དཔའ་ཟླ་འོད་(80a6)ཀྱིས་རིག་སྔགས་འཆང་དེ་སྲུང་བའི་ཕྱིར་གསང་སྔགས་འདི་སྨྲས་སོ། །ཤ་མ་ཊ་ཊེ་ཊུ་སུ་[b5]ཊེ། ཨ་ཛྙ་བ་ཊེ། ཨུ་ཊུ་ཊེ། ཤཾ་ཁྲི་སྟེ། བ་ཛ་ཏུ་ཊེ། ཨ་ཊུ་ཏེ། ཀུ་ལ་ཊ་ཊེ། ཁི་མ་ཏེ་སྭཱ་ཧཱ། གསང་སྔགས་འདི་ནི་ཞལ་ནས་གསུངས་པའོ། གསང་སྔགས་འདི་ལན་ལྔ་[b6]བཟླས་བརྗོད་(a7)བྱས་ལ། ཚོན་སྣ་བདུན་པའི་སྐུད་པས་བཅིང་བ་བྱ་སྟེ། གསང་སྔགས་འཆང་གང་དུ་ན་བར་གྱུར་པ་དེར་བཅིང་བར་བྱའོ། གསང་སྔགས་འདི་ནི་སྔོན་གྱི་སངས་རྒྱས་[b7]གང་གཱའི་ཀླུང་བཞི་བཅུའི་བྱེ་མ་སྙེད་ཀྱིས་གསུངས་ཏེ། བདག་གིས་ཀྱང་ད་རིག་སྔགས་འཆང་རྣམས་སྲུང་བའི་ཕྱིར་(80b1)སྨྲས་སོ། །བགེགས་དང་ཡམས་ཀྱི་ནད་ཐམས་ཅད་ཞི་བར་བྱེད་དོ། །སྡིག་[325a1]པ་ཐམས་ཅད་དང་ནད་ཐམས་ཅད་བྱང་བར་བྱེད་དོ། །འཇིགས་པ་ཐམས་ཅད་དང་བྲལ་བར་འགྱུར་རོ། །དགེ་བ་ཐམས་ཅད་ཀྱང་ཡོངས་སུ་རྫོགས་པར་འགྱུར་རོ།།

§ 80

（漢）佛告阿難。汝當深心清淨受持此陀羅尼。廣宣流布於閻浮提莫令斷絶。此陀羅尼能大利益三界衆生。一切患苦縈身者。以此陀羅尼治之無有不差者。此大神呪呪乾枯樹尚得生枝柯華果。何況有情有識衆生。身有病患治之不差者必無是處。善男子此陀羅尼威神之力。不可思議不

可思議歎莫能盡。若不過去久遠已來廣種善根。乃至名字不可得聞。何況得見。汝等大衆天人龍神。 聞我讚歎皆應隨喜。若有謗此呪者。即爲謗彼九十九億恒河沙諸佛。若於此陀羅尼生疑不信者。當知其人永失大利。百千萬劫常淪惡趣無有出期。常不見佛不聞法不覩僧。

(sde dge, 690)
(79b3)[323b4]དེ་ནས་བཅོམ་ལྡན་འདས་ཀྱིས་ཚེ་དང་ལྡན་པ་ཀུན་དགའ་བོ་ལ་བཀའ་
སྩལ་པ། ཀུན་དགའ་བོ་ཁྱོད་ཀྱིས་སྙིང་པོ་འདི་ཅི་ནམ་འཛམ་བུའི་གླིང་འདིར་རྒྱུན་མི་འཆད་
པར་འགྱུར་[b5]བར་དགེ་བའི་སེམས་ཀྱིས་ཟུང་(b4)ཤིག་ལོང་(=ལོངས་)ཤིག་རྒྱས་པར་
སྟོན་ཅིག །དེ་ལྟར་ན་སྙིང་པོ་འདི་དོན་ཆེན་པོ་བྱེད་པ་ཡིན་ནོ། །ཁམས་གསུམ་ན་སེམས་ཅན་
ཇི་སྙེད་འཁོད་པའི་ལུས་ལ་ནད་གང་[b6]དག་ཡོད་པ་དེ་གལ་ཏེ་གསང་སྔགས་འདིས་གསོ་
བར་བྱེད་ན། ནད་མེད་པར་མི་འགྱུར་བ་དེ་གང་ཡང་མེད་དོ། །སྙིང་པོ་འདིས་(b5)ཤིང་སྐམ་
པོ་ལ་བཟླས་བརྗོད་བྱས་ན། དེ་ལ་ཡལ་ག་དང་། མེ་[b7]ཏོག་གི་སྙེ་མ་དང་། ལོ་མ་དང་།
འབྲས་བུ་རྣམས་འབྱུང་བར་འགྱུར་ན། སེམས་ཡོད་པའི་སེམས་ཅན་བདེ་བར་འགྱུར་བ་ལྟ་ཅི་
སྨོས་ཏེ། འདི་ལ་ཐེ་ཚོམ་ཟ་བར་མི་བྱའོ། ཀུན་དགའ་[324a1]བོ་སྙིང་པོ་འདིའི་མཐུ་སྟོབས་
ནི་(b6)བརྟག་པར་མི་ནུས་ཤིང་བསམ་གྱིས་མི་ཁྱབ་སྟེ། དེ་བས་ན་ཡོན་ཏན་རྣམས་ཀྱི་ཕ་
རོལ་ཏུ་ཕྱིན་ཏོ། སྔོན་གྱི་དུས་དག་ན་དགེ་[a2]བའི་རྩ་བ་མ་སྐྱེས་པས་ནི་མིང་ཡང་མི་ཐོས་ན་
མཐོང་བ་ལྟ་ཅི་སྨོས། ཁྱོད་ལ་སོགས་པའི་འཁོར་ཆེན་པོ་འདི་དང་། ལྷ་དང་། ཀླུ་དང་། མི་
རྣམས་ཀྱི་སྙིང་པོ་(b7)འདི་ལ་རྗེས་སུ་ཡི་རང་བར་[a3]བྱའོ། གང་གིས་ཐོས་ལ་སྐྱོང་བ་དེ་ནི།
གང་གཱའི་ཀླུང་དགུ་བཅུ་རྩ་དགུའི་བྱེ་མའི་རྡུལ་ཕྲ་རབ་སྙེད་ཀྱི་སངས་རྒྱས་བཅོམ་ལྡན་འདས་
རྣམས་སྐྱོང་བར་འགྱུར་རོ། །སུ་ཞིག་སྙིང་པོ་[a4]འདི་ལ་ཐེ་ཚོམ་བསྐྱེད་ཅིང་ཡིད་མི་ཆེས་
པའི་མི་དེ་ནི། ယུན་རིང་པོ་ནས་(80a1)རྙེད་པ་ལས་རབ་ཏུ་ཉམས་ནས་བསྐལ་པ་ཆེན་པོ་
བརྒྱད་སྟོང་དུ་ངན་འགྲོ་རྣམས་སུ་འཁྱམས་པར་འགྱུར་བ་[a5]དང་། མངོན་པར་འབྱུང་བར་
མི་འཐོབ་པ་དང་། རྟག་ཏུ་སངས་རྒྱས་མི་མཐོང་བ་དང་། ཆོས་མི་ཐོས་པ་དང་། དགེ་སློང་གི་

དགེ་(a2)འདུན་དང་།   བྱང་ཆུབ་སེམས་དཔའ་སེམས་དཔའ་[a6]ཆེན་པོ་རྣམས་མི་མཐོང་བར་ཤེས་པར་བྱའོ།

§ 81

（漢）一切集會菩薩摩訶薩。金剛密跡梵釋四天龍鬼神。聞佛如來讚歎此陀羅尼。皆悉歡喜奉教修行

(sde dge, 690)

དེ་ནས་ལག་ན་རྡོ་རྗེ་ལ་སོགས་པ་འཁོར་ཆེན་པོ་དེ་དང་། བརྒྱ་བྱིན་དང་། ཚངས་པ་དང་། འཇིག་རྟེན་སྐྱོང་བ་དང་། ལྷ་དང་[a7]ཀླུ་དང་། འབྱུང་པོ་གནས་པ་རྣམས་བཅོམ་(a3)ལྡན་འདས་ཀྱི་སྙིང་པོ་འདིའི་བསྔགས་པ་བརྗོད་པ་ཐོས་ནས།   ཐམས་ཅད་རབ་ཏུ་དགའ་སྟེ། བཀའ་བཞིན་དུ་འཛིན་ཏོ།།

日本の千手観音（『大正大蔵経図像部』図像抄より）

Thousand-armed Avalokiteśvara (*Zuzōshō*)

付録1　千手千眼観自在菩薩広大円満無礙大悲心陀羅尼

千手観音の陀羅尼とされる「大悲呪」は、日本では禅宗の常用経典とされ、中国でもしきりと読誦されている。そのため最近では、僧侶による読誦の録音や、それに楽器の伴奏をつけたＣＤも発売されている。

ここで「大悲呪」関係のテキストを概観すると、伽梵達摩訳『千手経』と、不空に帰せられる『千手千眼観世音菩薩大悲心陀羅尼』（大正No.1064)、同『大慈大悲救苦観世音自在王菩薩広大円満無礙自在青頸大悲心陀羅尼』（大正No.1113B)は、現行の「大悲呪」と大同小異の内容で抄本とされる。

これに対して金剛智訳『千手千眼観自在菩薩広大円満無礙大悲心陀羅尼呪本』（大正No.1061)、『番大悲神呪』（大正No.1063)、不空訳『青頸観自在菩薩心陀羅尼経』（大正No.1111)、金剛智訳一行筆受『金剛頂瑜伽青頸大悲王観自在念誦儀軌』（大正No.1112)、指空讎校『観自在菩薩広大円満無礙大悲心大陀羅尼』（大正No.1113A)などは、略本に比して、大幅に語句が増広されており、広本と呼ばれる。

いっぽうネパールに伝えられた『ダーラニーサングラハ』（陀羅尼集)のサンスクリット写本に、広本に相当する『ニーラカンタ・ダーラニー』あるいは『ニーラカンタ・フリダヤ』が含まれている。これらの資料から、広本に関しては、ほぼ正確に原文を復元することができるが、抄本のサンスクリット資料は、いまだ発見されていない。『梵字真言集』などに、悉曇梵字で転写したテキストはあるが、たとえば「のーらーきんじー」（那囉謹墀)は、ニーラカンタNīlakaṇṭha（青頸)でなくてはならないのに、Narakidhiと転写されており、全く信用できない。

『大正大蔵経』所収の伽梵達摩訳は、日本の各宗派や中国仏教で用いられる漢字音写と、かなりの異同がある。また敦煌出土の漢文写本にも異読が含まれるが、サンスクリット原文と比較すると、敦煌写本の漢字音写の方が正しいと思われる箇所がある。

いっぽう本書§19に対応する部分の法成訳は、伽梵達摩訳からの重訳なので、抄本のチベット語音写が含まれるハズであるが、「大悲呪」の部分のみ広本に置き換えられている。つまり法成は、伽梵達摩の漢字音写には問題が多く、正しいサンスクリットが復元できないことに気づき、「大悲呪」の部分のみ、文法的にも正確で、意味がとりやすい広本に差し替えてしまったのである。

そこで本書では、広本を参照して復元した略本のテキストを、以下に掲載した。なお？をつけた箇所は、サンスクリットとして意味をなさず、正しく復元できなかった部分である。

また(　)は文字を差し替えると意味が通る部分、[　]は欠落したと思われる文字を補った部分、{　}は不要な文字を取り去ると意味が通る部分である。現行の漢字音写の補正には、敦煌出土の写本(Stein Chinese No.231, 509)を参照した。

Appendix I: The *Mahākāruṇika-hṛdaya-dhāraṇī*

The *dhāraṇī* of Thousand-armed Avalokiteśvara, the **Mahākāruṇika-hṛdaya-dhāraṇī* 大悲心陀羅尼, is a sūtra for daily recitation in Japanese Zen Buddhism, and it is recited frequently in Chinese Buddhism, too. In recent years, recordings and CDs of it being recited, sometimes backed by instruments, have also been released.

Among the several versions of this *dhāraṇī*, the *Sahasrabhuja-sūtra* by Bhagavad-dharma, the *Qianshou qianyan guanshiyin pusa dabeixin tuoluoni* 千手千眼観世音菩薩大悲心陀羅尼（Taisho No. 1064）attributed to Amoghavajra, and the *Daci dabei jiuku guanshiyin zizaiwang pusa guangda yuanman wu'ai zizai qinggeng dabeixin tuoluoni* 大慈大悲救苦観世音自在王菩薩広大円満無礙自在青頸大悲心陀羅尼 also attributed to Amoghavajra（Taisho No. 1113B）do not differ very much from the current version and are regarded as abridged versions.

On the other hand, the *Qianshou qianyan guanzizai pusa guangda yuanman wu'ai dabeixin tuoluoni zhouben* 千手千眼観自在菩薩広大円満無礙大悲心陀羅尼呪本（Taisho No. 1061）attributed to Vajrabodhi, the *Fan dabei shenzhou* 番大悲神呪（Taisho No. 1063）, the *Qinggeng guanzizai pusa xin tuoluoni jing* 青頸観自在菩薩心陀羅尼経（Taisho No. 1111）by Amoghavajra, the *Jingangding yuga qinggeng dabeiwang guanzizai niansong yigui* 金剛頂瑜伽青頸大悲王観自在念誦儀軌（Taisho No. 1112）attributed to Vajrabodhi and Yixing 一行, and the *Guanzizai pusa guangda yuanman wu'ai dabeixin datuoluoni* 観自在菩薩広大円満無礙大悲心大陀羅尼（Tasho No. 1113A） edited by Dhyānabhadra 指空 are called "enlarged versions" since they have added many phrases to the abridged version.

A Sanskrit manuscript called the *Dhāraṇīsaṃgraha* and transmitted in Nepal includes the *Nīlakaṇṭhadhāraṇī* or *Nīlakaṇṭhahṛdaya*, which corresponds to the enlarged version. With these materials, we can restore the original Sanskrit of the enlarged version. However, Sanskrit materials for the abridged version have not yet been discovered. The *Bonji shingonshū* 梵字真言集 (Collection of *mantra*s in the Siddham script), includes a transcription of the abridged version in Siddham, but it is quite unreliable, with, for example, *nōrākinjī* 那囉謹墀 (=Nīlakaṇṭha) being transcribed as *narakidhi*.

The Chinese transcription of the abridged version by Bhagavad-dharma included in the Taisho Tripiṭaka differs somewhat from the version currently used in Japanese and Chinese Buddhism. In addition, Chinese manuscripts of the *Sahasrabhuja-sūtra* from Dunhuang also contain several variants. If we compare these with the Sanskrit original of the enlarged version, the Dunhuang manuscripts seem to provide some correct readings.

§ 19 in Chos 'grub's Tibetan translation ought to be a transcription of the abridged version, but Chos 'grub has replaced the abridged version with the enlarged version. This means that Chos 'grub noticed that Bhagavad-dharma's transcription was problematic and that he would be unable to restore the original Sanskrit correctly, and so he replaced only the *dhāraṇī* with the enlarged version, which is grammatically correct and easier to understand.

In the following, I present the restored text of the abridged version with reference to the enlarged version together with the transcription by Bhagavad-dharma. Question marks (?) indicate words that I have been unable to restore correctly from Bhagavad-dharma's transcription.

Sometimes the text makes sense if a Chinese character is replaced by one similar in shape, and such characters have been enclosed in parentheses ( ). When a missing glyph has been augmented on the basis of the corresponding phrase in the enlarged version, it has been enclosed in square brackets [ ], and redundant glyphs in Bhagavad-dharma's transcription have been enclosed in braces { }. I have referred to two Dunhuang manuscripts, Stein Chinese Nos. 231 and 509, when making corrections to the Taisho version.

大悲心陀羅尼

南無喝囉怛那哆囉夜啷一 namo ratnatrayāya

南無阿唎啷二 婆盧羯帝爍鉢囉啷三 nama āryāvalokiteśvarāya

菩提薩哆婆啷四 bodhisattvāya

摩訶薩哆婆啷五 mahāsattvāya

摩訶迦盧尼迦啷六 mahākāruṇikāya

唵七 oṃ

薩皤囉罰曳八數怛那怛寫九 sarvabhayeṣu trāṇ[akarāya] tasya

南無悉吉利埵伊蒙 namas kṛtvā imaṃ

阿唎啷十婆盧吉帝室佛{囉}楞馱婆十一 āryāvalokiteśvaraṃ tava

南無那囉謹墀十二 namo nīlakaṇṭha

醯唎摩訶(阿)皤哆沙咩十三 hṛ[daya]m āvarta[yi]ṣyāmi

薩婆阿他豆輸朋十四 sarva artha[sādha]naṃ śubhaṃ

阿逝孕十五 ajeyaṃ

薩婆薩哆那摩婆伽十六 sarvasatvānāmabhagam?

摩罰特豆十七 avidyottaṃ?

怛姪他十八 tadyathā

唵 阿婆盧醯十九 oṃ avalohi

盧迦帝二十 迦羅帝二十一 lokātikrānte

夷醯唎二十二 he hare

摩訶菩提薩埵二十三 mahābodhisattva

薩婆薩婆二十四 sarva sarva

摩羅摩羅二十五 mara mara

摩{醯}摩醯唎馱孕二十六 mama hṛdayaṃ

俱盧俱盧羯懞二十七 kuru kuru karmaṃ

度盧度盧罰闍耶帝二十八 dhulu dhulu vijayate

摩訶罰闍耶帝二十九 mahāvijayate

陀囉陀囉三十 dhara dhara

地利尼三十一室佛囉耶三十二 dhāriṇīśvarāya

遮羅遮羅三十三 cala cala

摩摩罰摩囉三十四 mama vimala

穆帝囇(穆囇帝)三十五 mūrtte

伊醯移醯三十六 ehy ehi

室那室那三十七 cinda cinda

阿囉嘇佛囉舍利三十八 arasaṃ prāśaṇi

罰沙罰嘇三十九 viśa viśaṃ

佛囉舍耶四十 praṇāśaya

呼嚧呼嚧摩囉四十一 hulu hulu mara

呼嚧呼嚧醯利四十二 hulu hulu hrīḥ

沙囉沙囉四十三 sara sara

悉利悉利四十四 siri siri

蘇嚧蘇嚧四十五 suru suru

菩提夜菩提夜四十六 bodhiya bodhiya

菩馱夜菩馱夜四十七 bodhaya bodhaya

彌帝唎夜四十八 maitriya

那囉謹墀四十九 nīlakaṇṭha

地唎瑟尼那五十 dharṣinina

波夜摩那五十一　bhayamana

娑婆訶五十二　svāhā

悉陀夜五十三　siddhāya

娑婆訶五十四　svāhā

摩訶悉陀夜五十五　mahāsiddhāya

娑婆訶五十六　svāhā

悉陀喻藝五十七室皤囉耶五十八　siddhayogeśvarāya

娑婆訶五十九　svāhā

那囉謹墀六十　nīlakaṇṭha

娑婆訶六十一　svāhā

摩囉那囉六十二　mara nara

娑婆訶六十三　svāhā

悉囉僧阿(何)穆佉耶六十四　sirasiṃhamukhāya

娑婆訶六十五　svāhā

娑婆摩訶{阿}悉陀夜六十六　svamahāsiddhāya

娑婆訶六十七　svāhā

者吉囉阿(何)悉陀夜六十八　cakrahastāya

娑婆訶六十九　svāhā

波陀摩羯悉哆夜七十　padmahastāya

娑婆訶七十一　svāhā

那囉謹墀皤伽囉哪七十二　nīlakaṇṭhavyāghrāya

娑婆訶七十三　svāhā

摩[訶]婆利勝羯囉夜七十四　mahābaliśaṅkarāya

娑婆訶七十五　svāhā

南無喝囉怛那哆羅夜耶七十六　namo ratnatrayāya

南無阿唎㖿七十七婆盧吉帝七十八爍皤囉夜七十九　nama āryāvalokiteśvarāya

娑婆訶八十　svāhā

唵悉殿都曼哆囉鉢默(馱)耶八十一　oṃ sidhyantu mantrapadāya

娑婆訶八十二　svāhā

付録2　『千手経』の四十手法と千手観音の図像

(1)四十手法と日本の流布図像

『千手経』に説かれる四十手法は、中国・日本やチベット仏教圏の千手観音の図像に大きな影響を与えた。そこで本書では付録2として、四十手法と千手観音の図像について、簡単に見ることにしたい。

『千手経』の§76には、千手観音の40本の手の印相・持物と、その利益を説く「四十手法」が説かれている。その四十手とは、1.如意珠手、2.羂索手、3.宝鉢手、4.宝剣手、5.跋折羅手、6.金剛杵手、7.施無畏手、8.日精摩尼手、9.月精摩尼手、10.宝弓手、11.宝箭手、12.楊枝手、13.白払手、14.胡瓶手、15.旁牌手、16.斧鉞手、17.玉環手、18.白蓮華手、19.青蓮華手、20.宝鏡手、21.紫蓮華手、22.宝篋手、23.五色雲手、24.軍遲手、25.紅蓮華手、26.宝戟手、27.宝螺手、28.髑髏杖手、29.数珠手、30.宝鐸手、31.宝印手、32.倶尸鉄鉤手、33.錫杖手、34.合掌手、35.化仏手、36.化宮殿手、37.宝経手、38.不退金輪手、39.頂上化仏手、40.蒲萄手の四十手で、それぞれの印相・持物には、1.如意珠には、種々の珍宝資具を授けるといった利益があるとされている。なお「四十手法」については、不空訳(大正No.1064)や『千光眼経』(大正No.1065)にも、若干異なった説が見られる。このうち『千光眼経』には、四十の印相・持物が左右のどちらに配当されるのか、五種法(息災・調伏・増益・敬愛・鉤召)の何れに相当するのかが説かれるので、参考のため次頁以下の表に示した。

これに対してチベット系資料では、ナーガールジュナの成就法(後述)に四十手法が出るが、その名称と順序は、伽梵達摩訳とほぼ同じであることが分かった。これら四十手のうち、8.日精摩尼と9.月精摩尼、10.宝弓と11.宝箭のように、対になっている持物は、左右の対称的な手に配されることが多い。また、ともに長物となる26.宝戟と33.錫杖や、形状が類似する2.羂索と29.数

四十手法

伽梵達摩訳	不空訳	『千光眼経』		利　益
1.如意珠手	31.如意宝珠手	17.如意珠手(増)	左	種々の珍宝資具を授ける
2.羂索手	32.羂索手	2.羂索手(息)	左	種々の不安の除く
3.宝鉢手	33.宝鉢手	14.宝鉢手(調)	左	腹中の諸病を除く
4.宝剣手	15.宝剣手	11.宝剣手(調)	右	一切の魍魎鬼神を降伏する
5.跋折羅手	36.跋折羅手	9.跋折羅手(調)	右	一切の天魔神を降伏する
6.金剛杵手	16.金剛杵手	10.金剛杵手(調)	左	一切の怨敵を摧伏する
7.施無畏手	2.施無畏手	3.施無畏手(息)	右	一切の怖畏不安を除く
8.日精摩尼手	3.日精摩尼手	15.日摩尼手(調)	左	眼闇無光明を除く
9.月精摩尼手	4.月精摩尼手	16.月摩尼手(調)	右	熱毒病を除き清涼を与える
10.宝弓手	5.宝弓手	18.宝弓手(増)	左	栄官益職を授ける
11.宝箭手	6.宝箭手	37.宝箭手(鉤)	右	善き朋友に逢わせる
12.楊枝手	8.楊柳枝手	8.楊柳手(息)	右	身上の種々の病を除く
13.白払手	9.白払手	4.白払手(息)	左	身上の悪障難を除く
14.胡瓶手	10.宝瓶手	29.胡瓶手(敬)	右	善い眷属を授ける
15.旁牌手	11.傍牌手	5.搒牌手(息)	左	一切の悪獣を辟除する
16.斧鉞手	12.鉞斧手	6.鉞斧手(息)	右	一切時処によく官難を離れる
17.玉環手	34.玉環手	28.玉環手(敬)	左	男女の僕使者を授ける
18.白蓮華手	19.白蓮華手	20.白蓮手(増)	左	種々の功徳を授ける
19.青蓮華手	20.青蓮華手	21.青蓮手(増)	右	十方の浄土に往生させる
20.宝鏡手	23.宝鏡手	26.宝鏡手(敬)	左	大智慧を授ける
21.紫蓮華手	21.紫蓮華手	23.紫蓮手(増)	右	十方一切の諸仏に面見させる
22.宝篋手	27.宝篋手	38.宝篋手(鉤)	左	地中の伏蔵を授ける

23.五色雲手	28.五色雲手	40.五色雲手(鉤)	右	仙道を成就させる
24.軍遅手	7.軍持手	30.軍持手(敬)	左	梵天界に生まれる
25.紅蓮華手	22.紅蓮華手	31.紅蓮手(敬)	左	諸の天宮に往生する
26.宝戟手	29.宝戟手	7.戟矟手(息)	左	他方の逆賊を辟除する
27.宝螺手	30.宝螺手	36.宝螺手(鉤)	左	一切の諸天善神を召集する
28.髑髏杖手	13.髑髏宝杖手	39.髑髏手(鉤)	右	一切の鬼神を意のままにする
29.数珠手	14.数珠手	35.数珠手(鉤)	右	十方諸仏が来たりて手を授ける
30.宝鐸手	35.宝鐸手	22.宝鐸手(増)	左	一切上妙の梵音声を成就する
31.宝印手	24.宝印手	27.宝印手(敬)	右	弁舌巧妙を授ける
32.倶尸鉄鉤手	17.倶尸鉄鉤手	33.鉄鉤手(鉤)	左	善神龍王が来たりて擁護する
33.錫杖手	18.錫杖手	32.錫杖手(敬)	右	一切衆生を慈悲覆護する
34.合掌手	26.合掌手	25.蓮華合掌手(敬)	両	一切衆生が常に恭敬愛念する
35.化仏手	37.化仏手	1.化仏手(息)	左	生生に諸仏の辺を離れない
36.宮殿手	38.宮殿手	12.宮殿手(調)	左	常に仏宮殿中にあり胎生しない
37.宝経手	39.宝経手	19.宝経手(増)	右	多聞広学を授ける
38.不退金輪手	40.不退転金輪手	13.金輪手(調)	右	菩提から常に退転しない
39.頂上化仏手	25.頂上化仏手	34.頂上化仏手(鉤)	右	十方諸仏が来たりて授記を授ける
40.蒲萄手	41.蒲桃手	24.蒲桃手(増)	右	諸の果実穀物を授ける
	1.甘露手			

珠などを、左右の対称的な手に振り分ければ、右手20本、左手20本の左右対称な多面広臂像が構成できるはずであった。

ところが四十手の中には、両手を使う34.合掌手が含まれている。四十手を左右のどちらに振り分けるかは、必ずしも明確でないが、『千光眼経』末尾

の偈に従って配置すると、右手が二〇本、左手が二一本となり、左右がアンバランスになってしまう。(表参照)

そこで日本の流布図像では、臍前で両手を仰向けて禅定印とし、その上に3.宝鉢を載せることで左右のアンバランスを解消している。そこで日本の千手観音像は、四十二臂像となることが多い。なお彫刻では、持物は本体とは別に制作して持たせるため、しばしば失われて後補作と入れ替わり、当初の持物が分からなくなってしまう。そこで本書では105頁に、日本の四十二臂像の典型例として、『大正大蔵経』図像部第３巻所収の『図像抄』から千手観音の図像を転載した。

⑵チベット仏教の三種の図像

チベットに十一面千手観音が伝播した経緯については、チベット仏教サキャ派の教主ラマダムパ・スーナムギェンツェン(1312-1375)が著した仏教史書『王統明示鏡』(ギェルラプ・セルウェー・メロン)に詳しく説かれている。

チベットを初めて統一した吐蕃のソンツェンガムポ王は、インドに使者を遣わし、自らの念持仏として栴檀製のカサルパナ観音の像を取り寄せた。

そして王は、各国から仏師を集めて十一面観音像を造立させ、インドから請来したカサルパナ観音を、その胎内に納入した。この霊像は、仏師が制作したのではなく自然にできたもの(ランジュン)で、胎内にはインドから請来した王の念持仏が納入された。そしてソンツェンガムポ王が死去した時、王自身とティツゥン、文成公主という二人の妃も、この像内に溶融したと伝えられることから、「ランジュンガデン」(五要素からなる自然成仏像)と呼ばれ、稀代の霊像と崇められた。

この観音像は、チベット仏教の総本山チョカン(大昭寺)に安置されていたが、残念ながら文化大革命中に破壊されてしまった。なお現在チョカンに安置される「ランジュンガデン」は、文化大革命後の復興像である。

この「ランジュンガデン」は、観音の化身とされたソンツェンガムポ王ゆかりの霊像であったため、『王統明示鏡』には、その姿が詳細に記述されている。それによれば根本二手は胸前で合掌。右の第二手は念珠、第三手は輪、第四手は与願印、第五手は阿弥陀仏像を捧持し、左の第二手は白蓮華、第三手は水瓶、第四手は宝珠、第五手は弓箭を持っていた。これが造立当初の十臂像で、「法身の十臂」と称される。

その後この十臂像には、右に①宝珠②索③鉢④剣⑤羯磨杵⑥鏡⑦水晶⑧弓⑨柳枝⑩払子⑪盾⑫水瓶⑬斧鉞⑭念珠⑮青蓮華⑯軍持⑰日輪⑱白蓮華⑲果実の穂、左に①白雲②軍持③紅蓮華④剣⑤法螺⑥髑髏⑦念珠⑧鈴⑨金剛杵⑩鉤⑪錫杖⑫化仏⑬宮殿⑭梵篋⑮輪⑯仏像⑰果実⑱蓮台⑲宝珠の三十八臂が付加された。これを「報身の三十八臂」という。なおこの三十八臂は、『千手経』の四十手と重複するものが多く、宝珠・弓・軍持・白蓮華・化仏・輪は「法身の十臂」の持物と重複している。したがって当初の十臂像の完成後に、敦煌などの千手観音を参考に、手臂の増広が行われた可能性を示唆している。

さらにこれに千本の小脇手が加わって、十一面千手観音となった。そこで、この千本の小脇手を「応身の千臂」という。

このようにチベットでは、ソンツェンガムポ王によって十一面観音が導入され、それが脇手の付加によって千手観音となったことが分かる。そして王に由来する十一面観音のスタイルは、「ソンツェンガムポ王流」あるいは「王流」(ギェルポイ・ルク)と呼ばれるようになった。(121頁図左上)

これに対してチベットには、吐蕃崩壊後の仏教後伝期(11世紀以後)に入って、もう一種の千手観音が紹介された。このスタイルは、創始者であるインドの尼僧ラクシュミー(5頁写真)にちなんで、「ラクシュミー流」(ペルモ・ルク)と呼ばれる。チベットの伝承では、ラクシュミーはカシミール出身の尼僧で、不幸にしてハンセン病に冒されたが、十一面観音の加護により断食の行を修し、病を克服したと伝えられる。生没年は明らかでないが、彼女の『十一面聖観自在尊成就法』(北京No.3557、東北No.2737)を訳したリンチェンサンポ(958〜1055)が、彼女の孫弟子の世代とされるので、10世紀頃の人物と考えられる。

その持物は、根本二手は胸前で合掌。右の第二手は念珠、第三手は餓鬼の飢渇を潤す与願印、第四手は法輪。左の第二手は黄金の蓮華、第三手は軍持、第四手は弓箭を持っている。残りの992本の脇手は、すべて持物を持たない与願印となるが、省略されて八臂像となることもある。現在のチベットでは、ラクシュミー流の千手観音が最も普及している。(5頁写真)

この両者は、図像がよく似ているが、「ソンツェンガムポ王流」では、多くの脇手にも種々の持物が配されるのに対し、「ラクシュミー流」では脇手がすべて与願印となり、持物を持たない点が異なっている。

いっぽうナーガールジュナに帰せられる『聖千手観自在成就法』(北京No.3555、東北No.2736)も重要である。この成就法に説かれる十一面四十二臂像は、現代チベットではポピュラーでないが、ギャンツェのペンコルチューデ仏塔2階の世間調伏観音堂に、15世紀に遡る優れた作例を見ることができる。(2頁写真・121頁図右下)ナーガールジュナの成就法には四十手法が出るが、その名称と順序は、伽梵達摩訳とほぼ同じであることが分かった。(123-124頁の表参照)

このようにチベット仏教でも、『千手経』の四十手法は、ソンツェンガムポ王流とナーガールジュナ流に影響を与えていることが分かった。

ソンツェンガムポ王念持仏(四十八臂像)

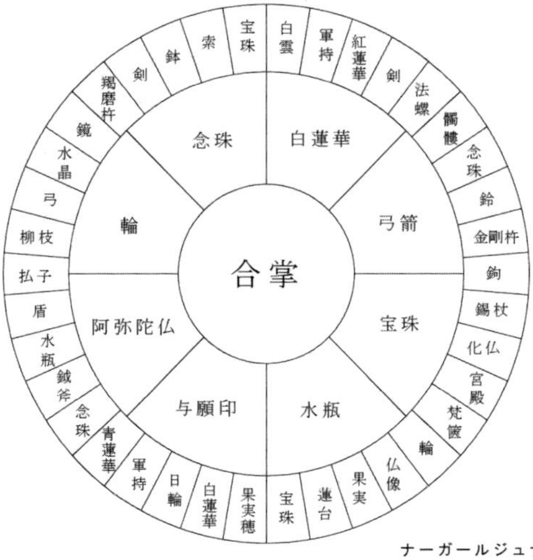

ナーガールジュナ流十一面千手観音

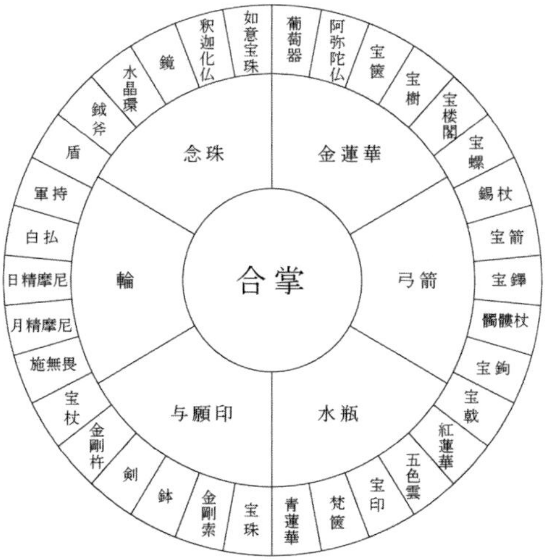

Appendix II

The *Sādhana* of Forty Hands and the Iconography of Thousand-armed Avalokiteśvara

1. The *Sādhana* of Forty Hands and Their Iconography in Japan

The *sādhana* of forty hands, explained in §76 of the *Sahasrabhuja-sūtra*, influenced the iconography of Thousand-armed Avalokiteśvara in both Sino-Japanese Buddhism and Tibetan Buddhism. This appendix deals with the *sādhana* of forty hands and the iconography of Thousand-armed Avalokiteśvara.

The *Sahasrabhuja-sūtra* explains the *mudrā*s, attributes, and merits of forty hands of Thousand-armed Avalokiteśvara. In Japan, this section is called *Shijusshu-hō* 四十手法, or the *sādhana* of forty hands.

The *mudrā*s and attributes of the forty hands are: 1. wish-fulfilling jewel 如意珠手, 2. noose 羂索手, 3. jewelled bowl 宝鉢手, 4. jewelled sword 宝剣手, 5. *vajra* 跋折羅手, 6. thunderbolt 金剛杵手, 7. *abhaya-mudrā* 施無畏手, 8. sun-disk 日精摩尼手, 9. moon-disk 月精摩尼手, 10. jewelled bow 宝弓手, 11. jewelled arrow 宝箭手, 12. willow branch 楊枝手, 13. white whisk 白払手, 14. Persian-style pitcher 胡瓶手, 15. shield 旁牌手, 16. axe 斧鉞手, 17. jewelled annulus 玉環手, 18. white lotus 白蓮華手, 19. blue lotus 青蓮華手, 20. jewelled mirror 宝鏡手, 21. purple lotus 紫蓮華手, 22. jewelled casket 宝篋手, 23. five-coloured cloud 五色雲手, 24. water pitcher 軍遅手, 25. red lotus 紅蓮華手, 26. jewelled trident 宝戟手, 27. jewelled conch shell 宝螺手, 28. staff with skull on top 髑髏杖手、29. rosary 数珠手, 30. jewelled bell 宝鐸手, 31. jewelled seal 宝印手, 32. iron hook 俱尸鉄鉤手, 33. monk's staff 錫杖手, 34. clasped hands

The *Sādhana* of Forty Hands

Taisho No. 1060	Taisho No. 1064	Taisho No. 1065		Nāgārjuna
1. wish-fulfilling jewel	31.wish-fulfilling jewel	17.wish-fulfilling jewel (P)	L	1.wish-fulfilling jewel
2. noose	32. noose	2. noose (Ś)	L	2. noose
3. jewelled bowl	33. jewelled bowl	14. jewelled bowl (A)	L	3. jewelled bowl
4. jewelled sword	15. jewelled sword	11. jewelled sword (A)	R	4. jewelled sword
5. *vajra*	36. *vajra*	9. *vajra* (A)	R	5. *vajra*
6. thunderbolt	16. thunderbolt	10. thunderbolt (A)	L	6. thunderbolt
7. *abhaya-mudrā*	2. *abhaya-mudrā*	3. *abhaya-mudrā* (Ś)	R	7. *abhaya-mudrā*
8. sun-disk	3. sun-disk	15. sun-disk (A)	L	8. fire-crystal
9. moon-disk	4. moon-disk	16. moon-disk (A)	R	9. water-crystal
10. jewelled bow	5. jewelled bow	18. jewelled bow (P)	L	10. jewelled bow
11. jewelled arrow	6. jewelled arrow	37. jewelled arrow (Ā)	R	11. jewelled arrow
12. willow branch	8. willow branch	8. willow branch (Ś)	R	12. willow branch
13. white whisk	9. white whisk	4. white whisk (Ś)	L	13. white whisk
14. Persian-style pitcher	10. Persian-style pitcher	29.Persian-style pitcher (V)	R	14. vase
15. shield	11. shield	5. shield (Ś)	L	15. shield
16. axe	12. axe	6. axe (Ś)	R	16. axe
17. jewelled annulus	34. jewelled annulus	28.jewelled annulus (V)	L	17. jewelled annulus
18. white lotus	19. white lotus	20. white lotus (P)	L	18. white lotus
19. blue lotus	20. blue lotus	21. blue lotus (P)	R	19. blue lotus
20. jewelled mirror	23. jewelled mirror	26. jewelled mirror (V)	L	20. jewelled mirror
21. purple lotus	21. purple lotus	23. purple lotus (P)	R	21. lotus
22. jewelled casket	27. jewelled casket	38. jewelled casket (Ā)	L	22. jewelled casket

23.five-coloured cloud	28.five-coloured cloud	40. five-coloured cloud (Ā)	R	23. five clouds
24. water pitcher	7. water pitcher	30. water pitcher (V)	L	24. water pitcher
25. red lotus	22. red lotus	31. red lotus (V)	L	25. red lotus
26. jewelled trident	29. jewelled trident	7. trident (Ś)	L	26.sword and spear
27.jewelled conch shell	30.jewelled conch shell	36.jewelled conch shell (Ā)	L	27.jewelled conch shell
28. staff with skull on top	13. staff with skull on top	39. skull (Ā)	R	28. staff with skull on top
29. rosary	14. rosary	35. rosary (Ā)	R	29. rosary
30. jewelled bell	35. jewelled bell	22. jewelled bell (P)	L	30. jewelled bell
31. jewelled seal	24. jewelled seal	27. jewelled seal (V)	R	31. jewelled seal
32. iron hook	17. iron hook	33. iron hook (Ā)	L	32. hook
33. monk's staff	18. monk's staff	32. monk's staff (V)	R	33. monk's staff
34. clasped hands	26. clasped hands	25. clasped hands (V)	B	34. clasped hands
35. Buddha image	37. Buddha image	1. Buddha image (Ś)	L	35. Buddha image
36. palace	38. palace	12. palace (A)	L	36. palace
37. jewelled *sūtra*	39. jewelled *sūtra*	19. jewelled *sūtra* (P)	R	37. jewelled *sūtra*
38. golden wheel	40. golden wheel	13. golden wheel (A)	R	38. golden wheel
39. Buddha image on top	25. Buddha image on top	34. Buddha image on top (Ā)	R	40. Buddha image on top
40. grape	41. grape	24. grape (P)	R	41. grape
	1. *amṛta*			39. *varada-mudrā*

合掌手, 35. Buddha image 化仏手, 36. palace 化宮殿手, 37. jewelled *sūtra* 宝経手, 38. golden wheel 不退金輪手, 39. Buddha image on top 頂上化仏手, and 40. grape 蒲萄手. Each *mudrā* and attribute has its special merit. For example, 1.

wish-fulfilling jewel has the merit of bestowing various treasures and other articles.

There exist slightly different explanations of the *sādhana* of forty hands in the translation attributed to Amoghavajra (Taisho No. 1064) and the *Qian guang yan jing* 千光眼経 (Taisho No. 1065). The *Qian guang yan jing* assigns the forty *mudrās* and attributes to either the left or right hand and classifies the forty hands in accordance with the five kinds of rites, i.e., *śāntika* (Ś), *abhicāraka* (A), *pauṣṭika* (P), *vaśīkaraṇa* (V), and *ākarṣaṇa* (Ā). Reference may be made to the table on pp. 123–124.

Among Tibetan materials, a ritual manual attributed to Nāgārjuna (Peking No. 3555, Tohoku No. 2736) explains the *sādhana* of forty hands. Their names and arrangement turn out to be nearly the same as Bhagavad-dharma's Chinese translation (see the rightmost column of the table).

Among the forty hands, attributes forming pairs, such as 8. sun-disk and 9. moon-disk or 10. jewelled bow and 11. jewelled arrow, are symmetrically assigned to the left and right hands. Moreover, if one symmetrically assigns 26. jewelled trident and 33. monk's staff, both long items, and 2. noose and 29. rosary, both similar in shape, to the left and right hands, one can create a forty-armed icon of Avalokiteśvara that is completely symmetrical.

However, the *sādhana* of forty hands includes 34. clasped hands, formed with both hands. Thus, it is not clear how the forty hands should be assigned to the left and right. If the forty hands are assigned in accordance with the verses of the aforementioned *Qian guang yan jing*, one ends up with twenty right hands and twenty-one left hands, and left and right are thus unbalanced.

Therefore, in current Japanese iconography, two hands form the *zenjō-in* 禅定

印, or meditation *mudrā*, by turning the palms of both hands upwards and resting them in the lap, and 3. jewelled bowl is placed on top of the palms, thereby removing the unbalance between left and right. Consequently, in Japan most images of Thousand-armed Avalokiteśvara have forty-two arms. In the case of sculptures, the attributes were made separately and then placed in the hands, and so many of the original attributes were often lost and replaced later. An image of Thousand-armed Avalokiteśvara taken from the *Zuzōshō* 図像抄 included in vol. 3 of the iconographical section of the Taisho Tripiṭaka has been reproduced on p.105 as an example of the current iconography of Japanese versions of Thousand-armed Avalokiteśvara.

2. Three Traditions of Thousand-armed Avalokiteśvara

An account of how eleven-headed and thousand-armed Avalokiteśvara was introduced to Tibet appears in a history of Buddhism, the *rGyal rabs gsal ba'i me loṅ* by Bla ma dam pa, bSod nams rgyal mtshan (1312–1375), one of the hierarchs of the Sa skya school.

According to this account, King Sroṅ btsan sgam po dispatched several envoys to India, and they brought back to Tibet an image of Avalokiteśvara made from sandalwood as the king's tutelary deity. The king then ordered craftsmen to make a statue of eleven-headed Avalokiteśvara. This image appeared miraculously (Tib. *raṅ byuṅ*), and the aforementioned sandalwood image was enshrined inside it.

When the king passed away, he merged with this eleven-headed Avalokiteśvara together with his two consorts, Khri btsun (a Nepalese princess) and Wencheng gongzhu 文成公主 (a Chinese princess). Therefore, this statue was called "that which miraculously appeared with five elements" (*raṅ byuṅ lṅa ldan*) and was widely worshipped. It was enshrined in Jokhang temple in Lhasa, but was destroyed during the Cultural Revolution. The statue currently enshrined in the Jokhang was restored after the Cultural Revolution.

The iconography of this statue is minutely described in the *rGyal rabs gsal ba'i me loṅ* since it was one of the holiest images of Tibetan Buddhism (see figure on p. 11). According to this work, the two main hands are joined in prayer in front of the chest, the right second hand holds a rosary, the third holds a wheel, the fourth forms the *varada-mudrā*, and the fifth holds an effigy of Amitābha Buddha, while the left second hand holds a white lotus, the third holds a water flask, the fourth holds a jewel, and the fifth holds a bow and arrow. This represents the original ten-armed image, and these hands are called the "ten arms of the *dharma-kāya*."

Subsequently, a further thirty-eight arms were added to this ten-armed image. The right hands hold: 1. jewel, 2. noose, 3. bowl, 4. sword, 5. crossed *vajra*, 6. mirror, 7. crystal, 8. bow, 9. willow branch, 10. whisk, 11. shield, 12. flask, 13. axe, 14. rosary, 15. blue lotus, 16. water pitcher, 17. sun-disk, 18. white lotus, and 19. fruit; and the left hands hold: 1. white cloud, 2. water pitcher, 3. red lotus, 4. sword, 5. conch shell, 6. skull, 7. rosary, 8. bell, 9. *vajra*, 10. hook, 11. monk's staff, 12. effigy of Buddha, 13. palace, 14. manuscript, 15. wheel, 16. Buddha, 17. fruit, 18. lotus throne, and 19. jewel.

These hands are called the "thirty-eight arms of the *sambhoga-kāya*." The attributes of these thirty-eight arms are quite similar to those of the forty arms of the *Sahasrabhuja-sūtra*. In addition, the jewel, bow, water pitcher, white lotus, effigy of Buddha, and wheel overlap with the "ten arms of the *dharma-kāya*." Therefore, this suggests that the thirty-eight arms were added after the completion of the original ten-armed image by referring to images of Thousand-armed Avalokiteśvara in Dunhuang and other places.

Furthermore, one thousand small hands forming the *varada-mudrā* were added, thereby completing the eleven-headed and thousand-armed image of Avalokiteśvara. These one thousand small hands are called the "thousand arms of the *nirmāṇa-kāya*."

During the second transmission of Buddhism in Tibet from the eleventh century, after the fall of the ancient empire, another style of Thousand-armed Avalokiteśvara was transmitted. This style is called the "Lakṣmī style" (*dPal mo lugs*) after an Indian nun named Lakṣmī (see figure on p. 4), the founder of this tradition.

According to the Tibetan tradition, Lakṣmī was born in Kashmir and suffered from leprosy. However, she practiced fasting with the protection of Avalokiteśvara and recovered. The dates of her birth and death are not known, but she is thought to have been active during the tenth century since Rin chen bzaṅ po (958–1055), who translated her *Bhaṭṭārakāryaikadaśamukhāvalokiteśvara-sādhana* (Peking No. 3557, Tohoku No. 2737), was a second-generation disciple.

In the Lakṣmī style, the two main hands are clasped in prayer in front of the chest, the right second hand holds a rosary, the third forms the *varada-mudrā* to alleviate the hunger of *preta*s or hungry ghosts, and the fourth holds a wheel, while the left second hand holds a golden lotus, the third holds a water flask, and the fourth holds a bow and arrow. The remaining 992 small hands form the *varada-mudrā* with no other attributes. However, in many cases the small hands are omitted, and it becomes an eight-armed image. Today, the Lakṣmī style has become the most popular style for images of eleven-headed Avalokiteśvara in Tibet (see figure on p. 5).

Both styles are similar in appearance. However, in the Sroṅ btsan sgam po style many attributes are assigned to the subsidiary hands, while in the Lakṣmī style the subsidiary hands do not hold any attributes.

The *Ārya-sahasrabhujāvalokiteśvara-sādhana* (Peking No. 3555, Tohoku No. 2736) attributed to Nāgārjuna is also important. The eleven-headed forty-two-armed image described in this ritual manual is not popular in modern Tibet. However, a good example of this style (early 15th century) can be seen on the second storey of the Great Stūpa of dPal 'khor chos sde monastery in rGyal rtse (see figure on p. 2). Nāgārjuna's ritual manual also expounds the *sādhana* of forty hands, and the names and arrangement of the forty hands are similar to those explained the *Sahasrabhuja-sūtra* by Bhagavad-dharma (see tables on pp. 123–124). Thus, the *sādhana* of forty hands of the *Sahasrabhuja-sūtra* influenced the Sroṅ btsan sgam po style and Nāgārjuna style in Tibetan Buddhism.

Thousand-armed Avalokiteśvara in King Sroṅ btsan sgam po style

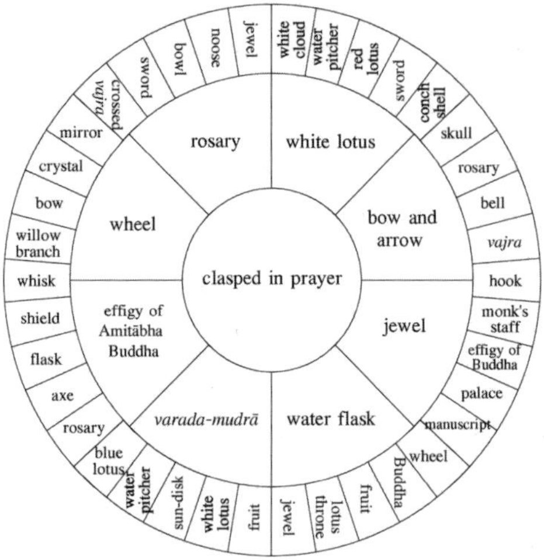

Thousand-armed Avalokiteśvara in Nāgārjuna style

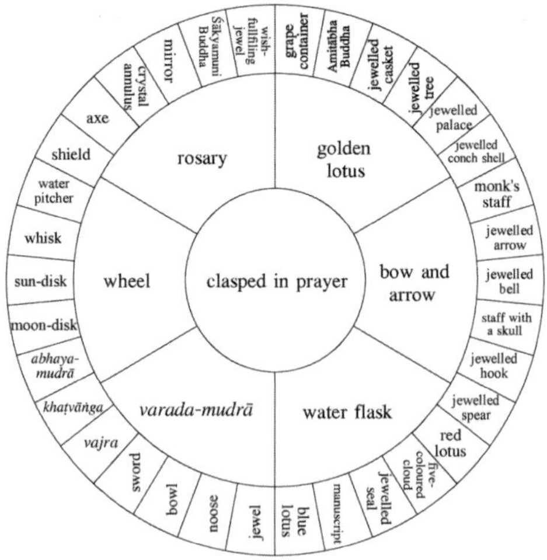

ラクシュミー流十一面観音の砂曼荼羅制作（2004年、ニューデリーにて）

Sand-maṇḍala creation of eleven-headed Avalokiteśvara

in Lakṣmī style（2004 in New Delhi）

ビブリオグラフィー (Bibliography)

【邦文】[Japanese]

磯田熙文「『大悲心陀羅尼』について」 臨済宗妙心寺派 大本山妙心寺『教化センター教学研究紀要』第5号、 2007年

伊東史朗『八部衆・二十八部衆』至文堂『日本の美術』No.379、1997年

Ｊ・Ｆ・ジャリージュ他『西域美術－ギメ美術館ペリオ・コレクション－』(Ｉ)講談社、1994年

副島弘道『十一面観音像・千手観音像』至文堂『日本の美術』No.311、1992年

田中公明「インドにおける変化観音の成立と展開－いわゆる四臂観音の解釈を中心にして－」『美術史』133、1993年

—『チベットの仏たち』方丈堂出版、2009年

—『仏教図像学』春秋社、2015年

—『千手観音と二十八部衆の謎』春秋社、2019年

—「二十八部衆の成立について」『密教図像』第38号、2019年

—『藤田弘基アーカイブス　仏教美術遺作写真データベース』渡辺出版、2020年

二階堂善弘「二十四諸天と二十八部衆」関西大学『東アジア文化交渉研究』6、2013年

濱田瑞美「敦煌唐宋時代の千手千眼観音変の眷属衆について」『奈良美術研究』９、早稲田大学奈良美術研究所、2010年

—「千手観音眷属の功徳天と婆藪仙をめぐって」『密教図像』第29号、2010年

仏教美術研究上野記念財団助成研究会『変化観音の成立と展開』(仏教美術

研究上野記念財団助成研究会報告書第六冊）仏教美術研究上野記念財団助成研究会、1979年
松本栄一『燉煌画の研究』東方文化学院東京研究所、1937年
宮治昭ほか『観音菩薩像の成立と展開―変化観音を中心にインドから日本まで―』（シルクロード学研究Vol.11）シルクロード学研究センター、2001年
宮治昭「インドの密教系観音と変化観音の源流」『インド仏教美術史論』中央公論美術出版、2010年
妙法院門跡三十三間堂『千体仏国宝指定記念　無畏』便利堂、2018年
妙法院門跡三十三間堂『千躰千手観音立像国宝指定慶讃記念　講演・行事特集号』妙法院門跡、2021年
森一司ほか『ラダック・ザンスカールの仏教壁画－西チベット残照－』渡辺出版、2011年
山岸公基「盛唐の千手観音彫像と葛井寺千手観音像」『佛教藝術』262、2002年
山田明爾「千手観音二十八部衆の系譜―諸天鬼神の系譜研究の一環として―」（『龍谷大学論集』399、1972年
羅翠恂「水陸会における千手観音の役割に関する一考察」Waseda Rilas Journal No.1、2013年
羅翠恂・徳泉さち「大英図書館所蔵の千手千眼観世音菩薩関連敦煌文書」『早稲田大学會津八一記念博物館紀要』第18号、2017年
羅翠恂・徳泉さち「フランス国立図書館所蔵の千手千眼観世音菩薩関連敦煌文書」『早稲田大学會津八一記念博物館紀要』第19号、2018年

【欧文】[Western Languages]

Lokesh Chandra: *The Thousand-armed Avalokiteśvara*. New Delhi 1988.

Jampa Samten: A Catogue of the Phug-brag Manuscript Kanjur. Dharamsala 1992.

【蔵文】[Tibetan]

Byaṅ chub sems dpa' 'phags pa spyan ras gzigs dbaṅ phyug lag pa stoṅ daṅ mig stoṅ daṅ ldan pa'i cho ga źib mo（Tohoku No.690）

'Phags pa spyan ras gzigs dbaṅ phyug phyag stoṅ spyan stoṅ du sprul pa rgya chen po yoṅs su rdzogs pa thogs pa med par thugs rje chen po daṅ ldan pa'i gzuṅs（Peking No.368）

'Phags pa byaṅ chub sems dpa' spyan ras gzigs dbaṅ phyug phyag stoṅ spyan stoṅ daṅ ldan pa thogs pa mi mṅa' ba'i thugs rje chen po'i sems rgya cher yoṅs su rdzogs pa źes bya ba'i gzuṅs（Peking No.369, Tohoku No.691）

Klu sgrub（Nāgārjuna）: 'Phags pa spyan ras gzigs dbaṅ phyug phyag stoṅ sgrub thabs (Peking No.3555, Tohoku No.2736)

dPal mo（Lakṣmī）: rJe btsun 'phags pa spyan ras gzigs dbaṅ phyug źal bcu gcig pa'i sgrub thabs（Peking No.3557, Tohoku No.2737）

bSod nams rgyal mtshan: *rGyal rabs gsal ba'i me loṅ*, Beijing 1981.

gTer bdag gliṅ pa & Lo chen Dharmaśrī: sPyan ras gzigs rgyal po lugs nam mkha'i rgyal po'i sgrub thabs in *sGrub thabs 'dod jo'i bum bzaṅ* vol.1, Delhi 1977.

ネパールの千手観音(旧ホテル・ブルースター)

Sahasrabhuja-Lokeśvara (The former Hotel Blue Star)

あとがき

本書は、千手観音信仰の根本聖典とされる伽梵達摩訳『大悲心陀羅尼経』と、それに対応する2種のチベット訳を中心とした日英二カ国語版の学術研究書である。

近年、インドにおける考古学的知見の拡大やネパール・チベットに遺されたサンスクリット仏教写本研究の進展により、日本で広く信仰された変化観音についても、十一面観音・不空羂索観音・馬頭観音については、インドにおける作例や、基本的なサンスクリット・テキストが同定・出版されるようになった。これまでインドからは作例が確認されていなかった如意輪観音についても、ナーランダーから小さな六臂の塼仏が発見されたことで、かつてはインドでも信仰されていたことが確認された。

ところが、これらの変化観音の中でも「蓮華王」と呼ばれ、最も信仰を集めた千手観音については、いまだにインドからは、確実な作例が一点も発見されていない。漢訳・チベット訳の『大蔵経』を見る限りでは、かつてはインドにも千手観音関係のサンスクリット原典が複数存在したことが確認できるが、それらのサンスクリット写本は、残念ながら一本も知られていない。

唯一の例外は、『大悲呪』として知られる陀羅尼の広本がネパールに伝存することであるが、それも千手観音の陀羅尼ではなく、青頸観音(ニーラカンタ)の陀羅尼として伝えられている。

そこで著者は『千手観音と二十八部衆の謎』(春秋社)を刊行し、新出の資料を用いて謎につつまれている千手観音の信仰と図像の成立と発展を解明したが、同書は一般向けの学術啓蒙書として書かれたため、失われた『大悲心陀羅尼経』の原典を知るよすがとなる、２点のチベット訳との比較研究を公表することができなかった。

そこで本書では、伽梵達摩訳『大悲心陀羅尼経』とサンスクリット原典から訳されたと思われる２種のチベット訳を対照して刊行するとともに、これも問題の多い『大悲呪』の略本と、四十手法に関する論文を合わせて収録することにした。

なお本書では紙数の関係で論じることができなかった変化観音の成立や面臂の増広過程、勅偈（本書§26）と二十八部衆の関係については、ビブリオグラフィーに挙げた拙著・拙稿を参照されたい。

本書の刊行が、従来謎に包まれていた千手観音の成立という問題に、一石を投じるものとなることを期待している。

また畏友ロルフ・ギーブル氏には、英文校閲だけでなく、種々の有益な助言を頂戴し、藤田弘基アーカイブスからは貴重な写真の提供を受けた。さらに本書の刊行を引き受けられた（有）渡辺出版の渡辺潔社長にも大変お世話になった。末筆となって恐縮であるが、記して感謝の意を表したい。

2021年12月12日

著　者

Postscript

This volume is a Japanese-English bilingual monograph on the basic text of the cult of Thousand-armed Avalokiteśvara, the **Mahākāruṇika-hṛdayadhāraṇī-sūtra* translated by the Khotanese translator, Bhagavad-dharma.

Owing to increasing archaeological findings in India and progress in the study of Buddhist Sanskrit manuscripts surviving in Nepal and Tibet, images of Ekādaśamukha, Amoghapāśa, and Hayagrīva among variant forms of Avalokiteśvara widely worshipped in Japan have been identified in India and some of the basic Sanskrit texts have been published. Furthermore, a small earthen six-armed image of Cintāmaṇicakra(-vartin), examples of which had been previously unknown in India, was discovered at Nālandā. This confirmed that this form of Avalokiteśvara had also been worshipped in India.

However, in the case of Sahasrabhuja, or Thousand-armed Avalokiteśvara, even though this deity was called "king of the Lotus [Family]" 蓮華王 and was thought to be the most powerful emanation of Avalokiteśvara, no definite example had been identified in India. Judging from the Chinese and Tibetan Buddhist canons, Sanskrit scriptures dealing with Thousand-armed Avalokiteśvara once existed in India, but no manuscripts of these scriptures have been found.

One exception is the enlarged version of the *dhāraṇī* of Thousand-armed Avalokiteśvara known as *Daihi-shū* 大悲呪 in Japan, a manuscript of which was found in Nepal. However, it had been transmitted as the *dhāraṇī* not of Thousand-armed Avalokiteśvara but of Nīlakaṇṭha, another emanation of Avalokiteśvara.

Accordingly, I published *Senju kannon to nijūhachibushū no nazo* 千手観音と二十八部衆の謎 (*The Enigma of Thousand-armed Avalokiteśvara and His*

Twenty-eight Attendants), and making use of new materials, I clarified the development of the cult and iconography of Thousand-armed Avalokiteśvara. But because this book was written for the general reader, I was not able to include a comparative study of Bhagavad-dharma's Chinese translation and the two Tibetan translations, which serve as testimony to the lost Sanskrit original.

Therefore, in this volume I have published the full text of the *Sahasrabhuja-sūtra* together with the two corresponding Tibetan translations. I have also added two studies on the problematic abridged version of the *dhāraṇī* of Thousand-armed Avalokiteśvara known as *Daihi-shū* and on the *sādhana* of forty hands.

As for the origins of the variant forms of Avalokiteśvara and the development of multi-headed and multi-armed forms of Avalokiteśvara and the relationship between the edict verses (§26 in this volume) and the twenty-eight attendants of Avalokiteśvara, which are not discussed in this volume, reference may be made to my books and articles listed in the Bibliography.

Lastly, I would like to offer my heartful thanks to all those who have helped in the preparation of this publication. I also wish to express my sincere gratitude to Mr. Rolf W. Giebel, who oversaw the English translation and gave me helpful advice; the Fujita Hiroki Archives, which provided me with the photograph of the Thousand-armed Avalokiteśvara on p.5, and Mr. Kiyoshi Watanabe, the president of Watanabe Publishing Co., Ltd., who undertook to publish this book with great care.

12 December 2021

Kimiaki TANAKA

著者略歴

田中公明(たなかきみあき)

1955(昭和30)年、福岡県八幡市(現北九州市)生まれ。東京大学文学部卒(印度哲学専攻)、1984年同大学大学院博士課程満期退学。同大学文学部助手(文化交流)を経て、1988年(財)東方研究会[現(公財)中村元東方研究所]専任研究員。2008年、東京大学大学院より博士[文学]号を取得。2013年、学位論文『インドにおける曼荼羅の成立と発展』(春秋社)で鈴木学術財団特別賞を受賞。2018年にはWisdom Publicationsから、その英語版An Illustrated History of the Mandalaも刊行された。

東京大学(1992, 1994～1996, 2001～2004年)、拓殖大学(1994, 1998年)、大正大学綜合佛教研究所(2016年)、高野山大学(2016年)、慶應義塾大学(2001～2020年)等で非常勤講師、北京日本学研究センター短期派遣教授(2003, 2010年)を歴任。現在(2022年)、富山県南砺市利賀村「瞑想の郷」主任学芸員、チベット文化研究会副会長。東京国立博物館客員研究員(2016年～)、東方学院講師(2001年～)、東洋大学大学院講師(2017年～)[非常勤]、高野山大学(通信制)客員教授(2020年～)、ネパール留学(1988～89年)、英国オックスフォード大学留学(1993年)。韓国ハンビッツ文化財団学術顧問(1997～2015年)として、同財団の公式図録『チベット仏教絵画集成』第1巻～第7巻(臨川書店)を編集。密教、仏教図像、チベット学に関する著訳書(共著を含む)61冊、論文とエッセイ約160点。

詳しくは下記を参照。

http://kimiakitanak.starfree.jp/

https://www.youtube.com/channel/UCG1K_3Zcs8JWYn7WDKXuVqQ/videos

About the Author

Kimiaki TANAKA (b.1955, Fukuoka) is a research fellow at the Nakamura Hajime Eastern Institute, Tokyo. He studied Indian Philosophy and Sanskrit Philology at the University of Tokyo. He received a doctorate in literature from the University of Tokyo in 2008 for his dissertation entitled "Genesis and Development of the Maṇḍala in India." It was published in 2010 by Shunjūsha with financial support from the Japan Society for the Promotion of Science and was awarded the Suzuki Research Foundation Special Prize in 2013. In 2018, an English version of the dissertation, *An Illustrated History of the Mandala,* From Its Genesis to the *Kālacakratantra* was published from Wisdom Publications in USA.

He has been lecturer at the University of Tokyo, at Takushoku University, at the Institute for Comprehensive Studies of Buddhism, at Taisho University (Genesis and Development of the Mandala) and at Keio University (Buddhist Iconography) teaching Tibetan as well as courses on Buddhism. He studied abroad as a visiting research fellow (1988-89) at Nepal Research Centre (Kathmandu) and held a Spalding Visiting Fellowship at Oxford University (Wolfson College) in 1993. As a visiting professor, he gave lectures on Sino-Japanese cultural exchange at Beijing Centre for Japanese Studies in 2003 and 2010.

From 1997 to 2015, he was the academic consultant to the Hahn Cultural Foundation (Seoul) and completed 7 vol. catalogue of their collection of Tibetan art entitled *Art of Thangka.* He is presently (2022) a visiting professor at Koyasan University (Genesis and Development of the Mandala) and lecturer at Tōhō Gakuin, and in graduate course at Toyo University (Esoteric Buddhism).

He is also chief curator of the Toga Meditation Museum in Toyama prefecture, a visiting reserch fellow of Tokyo National Museum and the Vice-President of the Tibet Culture Centre International in Tokyo. He has published more than 61 books and 160 articles (including essays) on Esoteric Buddhism, Buddhist Iconography and Tibetan art.

http://kimiakitanak.starfree.jp/

https://www.youtube.com/channel/UCG1K_3Zcs8JWYn7WDKXuVqQ/videos

蔵漢対照『大悲心陀羅尼経』

令和4年6月23日　第一刷発行

著　者　田中公明

発行者　渡辺 潔

発行所　有限会社渡辺出版

〒113-0033
東京都文京区本郷5丁目18番19号
電話　03-3811-5447
振替　00150-8-15495

印刷所　シナノ書籍印刷株式会社

ISBN978-4-902119-36-7

The Sahasrabhuja—sūtra

— Introduction, Tibetan/Chinese Text and Related Studies —

Date of Publication: 23 June 2022

Author: Kimiaki Tanaka

Publisher: Watanabe Publishing Co., Ltd.
5-18-19 Hongo, Bunkyo-ku
Tokyo 113-0033 Japan
tel/fax: 03-3811-5447
e-mail: watanabe.com@bloom.ocn.ne.jp

Printer: SHINANO BOOK PRINTING Co., Ltd.

Distributor (Outside of Japan): Vajra Publications,
Jyatha, Thamel, P.O. Box : 21779, Kathmandu, Nepal
tel/fax: 977-1-4220562
e-mail: vajrabooks@hotmail.com

©Kimiaki TANAKA 2022 Printed in Japan
ISBN978-4-902119-36-7